COCINA COMO UNA ABUELA

CARLA SOLDEVILLA
chefenials

MOLINO

Papel certificado por el Forest Stewardship Council®

Primera edición: mayo de 2025

© 2025, Carla Soldevilla
© 2025, Penguin Random House Grupo Editorial, S. A. U.
Travessera de Gràcia, 47-49. 08021 Barcelona
© 2025, Isa González (@muchacha_pinta), por las ilustraciones

Penguin Random House Grupo Editorial apoya la protección de la propiedad intelectual. La propiedad intelectual estimula la creatividad, defiende la diversidad en el ámbito de las ideas y el conocimiento, promueve la libre expresión y favorece una cultura viva. Gracias por comprar una edición autorizada de este libro y por respetar las leyes de propiedad intelectual al no reproducir ni distribuir ninguna parte de esta obra por ningún medio sin permiso. Al hacerlo está respaldando a los autores y permitiendo que PRHGE continúe publicando libros para todos los lectores. De conformidad con lo dispuesto en el artículo 67.3 del Real Decreto Ley 24/2021, de 2 de noviembre, PRHGE se reserva expresamente los derechos de reproducción y de uso de esta obra y de todos sus elementos mediante medios de lectura mecánica y otros medios adecuados a tal fin. Diríjase a CEDRO (Centro Español de Derechos Reprográficos, http://www.cedro.org) si necesita reproducir algún fragmento de esta obra. En caso de necesidad, contacte con: seguridadproductos@penguinrandomhouse.com

Printed in Spain – Impreso en España

ISBN: 978-84-272-4843-4
Depósito legal: B-4.717-2025

Compuesto por Juan Carlos Bermudo
Impreso en Gómez Aparicio, S. L.
Casarrubuelos (Madrid)

MO 4 8 4 3 4

A mis abuelas

Índice

INTRODUCCIÓN

La importancia de aprender a cocinar como tu abuela 17
Organizarte en la cocina 20
Ir a la compra...22
Conservación de los alimentos 25

LAS RECETAS

Salsas

Romesco..32
Alioli 33
Mojo verde 34
Salsa brava...35
Vizcaína 36
Vinagreta de frutas...37

Caldos

De cocido 40
De pollo 41
De pescado...42
De marisco 43

Básicas

Sofrito 46
Sopa...49
Puré de verduras 51
Arroz blanco...53
Tortilla de patatas 55

Clásicos de verano

Ensaladilla rusa 60
Sopas frías 62
    Salmorejo 62
    Ajoblanco 62
    Sopa de melón 62
    Gazpacho 62
Arroz negro 65
Fideuá 67
Calamares a la andaluza 69
Conejo en escabeche 71
Huevos rellenos 73
Ensalada malagueña 75

Clásicos de invierno

Macarrones gratinados 80
Fideos a la cazuela 82
Lentejas viudas 84
Potaje de vigilia 86
Patatas a la riojana 88
Huevos al plato 90
Carrilleras de cerdo al vino tinto 92
Redondo de ternera al horno 94
Espinacas a la crema 97
Sopa de cebolla 99

Para lucirte con la familia

Berenjenas rellenas 104
Arroz caldoso de bogavante 106
Lasaña 108
Los tallarines de mi abuela 110
Costillar asado 112
Cocido madrileño 114
Crema de marisco 117
Pollo a la catalana 119
Merluza en salsa verde 121
Zarzuela de mariscos 123

Para cenar con amigos

Escalivada 128
Garbanzos salteados con setas y gambas 130
Berenjenas con miel 132
Salchichas al vino 133
Mejillones a la marinera 134
Albóndigas en tomate 136
Calamares en su tinta 138
Tortilla rellena 140

Cenas rápidas

Ensalada de lentejas 144
Alitas de pollo adobadas 145
Guisantes con jamón 146
Lubina al horno 148
Gambas al ajillo 149
Empanadillas de atún 150
Pepito de ternera 151
Bacalao dorado 152
Merluza a la romana 154

Recetas de aprovechamiento

Arroz al horno 158
Croquetas de cocido 160
Huevos tontos 163
Hamburguesas de pescado 164
Sopa de ajo 165
Canelones 167
Crema de legumbres 170
Ensalada de pollo asado 171
Migas 172

Para lucirte con la familia

Flan de huevo 176
Buñuelos de viento 178
Trufas 180
Natillas 182
Arroz con leche 183
Torrijas 184
Pudin 186
Leche frita 188
Tocino de cielo 190
Merenguitos 192
Guirlache 194
Panellets 196

Índice de ingredientes 200
Agradecimientos 205

Introducción

La importancia de aprender a cocinar como tu abuela

Es jueves y estoy cansadísima. Salgo de clase arrastrando los pies. Hoy he tenido educación física y examen de inglés, y, encima, esta tarde debo escribir una redacción sobre cómo me imagino mi vida dentro de veinte años. Nadie dijo que tercero de primaria sería fácil.

Desde las gradas del patio del cole busco a mi abuela. La veo a lo lejos, habla con la abuela de otra niña de mi clase. Bajo la grada de un salto y me acerco corriendo. Me da un beso, me pregunta qué tal el día y le digo que ha sido muy largo.

Salimos andando, me guía hacia el coche del abuelo, que, como siempre, ha aparcado donde ha podido, seguramente en doble fila. Normalmente, a estas alturas ya me ha dado el bocadillo para merendar y me lo voy comiendo de camino a su casa mientras mi abuelo me pide veinticinco veces que no deje demasiadas migas en el asiento. Para mi abuelo, el coche es sagrado, pero para mí la merienda lo es más.

Hoy, en cambio, no ha habido bocadillo. Yo tampoco pregunto nada, asumo que se lo ha dejado en casa o que me espera algo mejor allí. No quiero hacerme ilusiones, prefiero seguir con la duda lo que queda de trayecto. Canturreo las canciones que suenan en la radio del coche, me entretengo mirando por la ventana, imagino lo que puede esperarme en la cocina de mi abuela... Demasiado tarde, ya me he hecho ilusiones.

Llegamos a casa y voy directa a la cocina; no solo porque busque la merienda, sino por costumbre. La cocina de la abuela es donde paso todas las tardes. A veces, solo con ella; a veces también nos acompañan mi hermana o mis primos. Cuando estamos todos, la fiesta es completa. Dejo la mochila del cole en el suelo y me fijo en la encimera. Ahí reposan un bocadillo envuelto en papel de aluminio y un táper. Las pupilas se me dilatan. Lo intuí al cruzar la puerta y notar el olor, pero no estaba segura del todo.

Mi abuela entra en la cocina y me ve mirando la comida. Sonríe. Me dice que me había preparado un bocadillo de fuet, pero que luego se ha acordado de que había hecho conejo guisado para comer y que, casualmente, había sobrado un táper, por lo que me había dejado las dos cosas ahí para que, cuando yo llegara, decidiera qué prefería.

Para una niña como yo, a la que le encantaba comer, los días acostumbraban a ser una sucesión de desgracias. Salía de casa tras haber tomado un vaso de leche con Colacao (según decían en la tele, era el desayuno perfecto para los niños, y la mayoría de los padres de los años 90 cayeron en la trampa). En el recreo me comía un bocadillo (esto sí que me gustaba, especialmente cuando era de jamón). Y luego llegaba la peor parte del día, la comida en el comedor del cole: verdura pasada de cocción, macarrones blandurrios, pollo al horno con sabor a nada, pescados tiesos... En fin, si habéis comido en un comedor escolar, ya sabéis a lo que me refiero. Por eso mi abuela, que conocía bien mis penurias alimentarias diarias, tenía por costumbre guardarme un plato de lo que hubiera cocinado ese día para comer, si sabía que me gustaba.

Así que ahí estaba yo ese día, en la cocina de mi abuela mirando cómo el conejo en salsa daba vueltas en el microondas. Tenía nueve años y, sin saberlo, me encontraba en el pico máximo de la felicidad.

Estoy casi convencida de que esas tardes con mi abuela fueron lo que despertó mi vena gastronómica, la cual se desarrolló tanto con el trascurso del tiempo que me llevó a estudiar Gastronomía y a querer ser cocinera. En estos años he aprendido muchísimo, desde las bases de la cocina tradicional hasta las técnicas de la cocina molecular más espectaculares. He cocinado para abuelitos en residencias y para guiris ricos en un restaurante de tres estrellas Michelin. Solo me ha quedado una cosa por aprender: las recetas de mi abuela.

Cuando tenía dieciocho años y ya llevaba unos meses en la universidad, me pareció buena idea —aprovechando que volvía a mi ciudad por las vacaciones de Navidad— ir a casa de la abuela algún día, cocinar con ella mis platos favoritos de su repertorio y hacerme un pequeño recetario para llevarlo siempre conmigo. A los pocos minutos de empezar a cocinar la primera receta, me di cuenta de que eso no sería posible. El alzhéimer que sufría mi abuela había avanzado más rápido de lo que yo creía. Ya no solo se trataba de algún despiste tonto de vez en cuando, de esas situaciones que incluso eran medio graciosas. La abuela se estaba olvidando de hacer muchas de sus tareas habituales; también de cocinar. No sabía qué ingrediente echar antes y cuál después. No recordaba cuántos huevos le ponía al bizcocho que preparaba para nuestros cumpleaños. Esas recetas que había hecho miles de veces simplemente habían desaparecido de su recuerdo.

Supongo que esta historia no me ha sucedido solo a mí. Por esta u otras circunstancias, el conocimiento culinario que siempre se ha ido transmitiendo de generación en generación se ha dejado de compartir. Las personas jóvenes —en su mayoría— no han aprendido a cocinar, incluso aquellos que se defienden en la cocina tienen serios problemas para hacer uno simple caldo o unos garbanzos con chorizo. Si hablamos de garbanzos, la primera receta que probablemente les venga a la cabeza sea un hummus. De remolacha; con *topping* de sésamo negro. Un drama.

Y aquí es donde empieza mi misión, la de servir de puente entre generaciones para que no se pierda el conocimiento milenario de la cocina tradicional. Mi idea al escribir este libro es transformarme, por un momento, en tu abuela y ayudarte en el proceso de aprender a cocinar. Pero aprender a cocinar de verdad. Un caldo, un sofrito, unas legumbres... la auténtica base de la cocina. Y, ya de paso, intentaré que aprendas a organizarte en la cocina, a hacer la compra y alguna cosita más.

Quizá ahora mismo sientas que esto te queda demasiado grande, que eres incapaz de aprender a cocinar, que tus nietos deberán conformarse con una pizza precocinada de bordes medio quemados cuando vayan a comer a tu casa. O aún peor, con un hummus de remolacha. Pero, hazme caso, no es tan difícil como parece. Nuestras abuelas también nacieron sin saber freír un huevo. Así que, venga, *vamo'* al lío.

CARLA

Organizarte en la cocina

Nuestras abuelas eran auténticas gestoras del tiempo y el dinero. Tenían en mente lo que iban a preparar para la comida y la cena cada día, de tal forma que estaban al tanto de lo que debían comprar y rara vez desperdiciaban comida. Mi intención es que, mediante algunos trucos que te enseñaré aquí, alcances ese nivel de organización (o, bueno, parecido).

Conozco a mucha gente que va a comprar sin una lista de la compra. Para mí, el primer error. Como todos sabemos, cuando entramos en la tienda sin lista, acabamos llevándonos cosas que no necesitamos y, lo que me parece peor, olvidando algunas cosas que sí que nos hacen falta. Te aconsejo que uses una app en el móvil específica para este fin, o al menos una nota de texto en la que apuntar lo que necesitas en cuanto te acuerdas. Lo bueno de las apps —¡yo uso Bring!— es que te permiten crear una lista colaborativa con quienes convives. Obviamente podéis usar el método tradicional y pegar una lista de papel en la nevera con el imán que tu tío te trajo de Benidorm, pero la probabilidad de que te la dejes en casa cuando vas al súper es infinitamente mayor de la de que salgas de casa sin el móvil (la última vez que te pasó esto fue probablemente en 2018).

Genial. Ya tienes tu app descargada. Solo te falta una cosa: saber lo que necesitas. Mi consejo es que te crees una tabla como esta:

	LUNES	MARTES	MIÉRCOLES	JUEVES	VIERNES	SÁBADO	DOMINGO
DESAYUNO							
COMIDA							
MERIENDA							
CENA							

Obviamente deberás adaptarla a tus necesidades (quizá no meriendas o los fines de semana estás fuera y no cocinas en casa, puede que tomes un *snack* a media mañana...).

Cuando hayas hecho una tabla adecuada para ti, toca rellenarla. A la hora de apuntar los menús, puedes dar espacio a la flexibilidad o ser tan concreto como quieras. Por ejemplo, si el martes quiero comer pescado en la cena, en mi caso apuntaría «pescado blanco con patatas y verdura». Este margen me permite elegir en la pescadería, el día que voy a comprar, el pescado con mejor aspecto, el más fresco. Y lo mismo hago con las verduras. En cambio, si apunto «merluza con espinacas salteadas», puede que al llegar a la pescadería me lleve una merluza que no sea especialmente fresca, cuando el pescadero me podría haber vendido una lubina espectacular.

Dicho esto, te enseño mi tabla para que tengas un ejemplo:

	LUNES	MARTES	MIÉRCOLES	JUEVES	VIERNES
DESAYUNO	yogur griego, fruta, frutos secos	yogur griego, fruta, frutos secos	yogur griego, fruta, frutos secos	yogur griego, fruta, frutos secos	yogur griego, fruta, frutos secos
COMIDA	garbanzos con verdura	pescado blanco, arroz, verdura	ternera con verdura y patatas	lentejas con verdura	puré de verduras y pollo en salsa
MERIENDA	pan con tomate y queso, fruta	pan con tomate y jamón, fruta	pan con tomate y queso, fruta	pan con tomate y jamón, fruta	pan con tomate y queso, fruta
CENA	salmorejo con huevo y jamón	hamburguesa completa	revuelto de champiñones	ensalada de pasta, atún y vegetales	gazpacho y tortilla de patatas

Como ves, soy una persona rutinaria que prácticamente desayuna y merienda lo mismo cada día. Esto me facilita mucho la lista de la compra y la vida en general. Por otro lado, como ya te he explicado, no soy muy fan de especificar muchísimo el menú. Así, cuando pongo «lentejas con verdura», me doy cierto margen de maniobra según el tiempo que tenga para cocinar, lo que me apetezca comer, el clima de esa semana... Quizá acabo preparando una ensalada de lentejas o quizá unas lentejas estofadas. Otro ejemplo, el martes a mediodía puede que coma un arroz caldoso de pescado, o unos chipirones a la plancha con arroz blanco.

Una vez anotado el menú, solo me queda apuntar los ingredientes que necesito en la app y salir a hacer la compra. Como soy consciente de que esto te puede hacer bola —especialmente el tema de los frescos, como pescado, carne, verdura...—, déjame que te dé algunos consejos.

Ir a la compra

A la hora de ir a comprar, mi consejo principal es el siguiente: comprar los productos secos en el súper y los frescos en el mercado o en pequeños comercios (frutería, carnicería, pescadería). De todas formas, estos consejos te sirven igualmente si por temas logísticos o de tiempo tienes que hacer toda la compra en el supermercado.

Verdura y fruta

Como has visto en mi tabla de menús, no especifico qué verduras y frutas comeré durante la semana, sino que simplemente apunto el número de raciones que tomo. De esta manera, cuando voy a la frutería, dispongo de la libertad de elegir aquellas con mejor aspecto o que más me apetecen.

Uno de los criterios más importantes es que sean frutas y verduras de temporada. Tendrán más sabor, salen mejor de precio sin son del tiempo y favoreces a los agricultores locales. Si no sabes qué hortalizas y frutas son de temporada, aquí te dejo un pequeño resumen por meses:

- **Enero:** plátano, limón, naranja, mandarina, alcachofa, col, escarola, espinaca, puerro, cardo.
- **Febrero:** plátano, limón, naranja, mandarina, aguacate, acelga, habas, borraja, col, apio.
- **Marzo:** plátano, limón, naranja, mandarina, aguacate, acelga, col, patata, remolacha, guisantes.
- **Abril:** níspero, plátano, naranja, cebolleta, lechuga, zanahoria, chirivía, guisantes, cebolla.
- **Mayo:** albaricoque, cereza, fresa, níspero, nabo, remolacha, lechuga, habas, puerro, rábano.

- **Junio:** albaricoque, cereza, fresa, sandía, nectarina, melocotón, calabacín, pepino, judía verde.
- **Julio:** ciruela, melón, melocotón, sandía, nectarina, pimiento, tomate, pepino, berenjena, calabacín.
- **Agosto:** ciruela, higo, melocotón, sandía, melón, maíz, tomate, pepino, berenjena, judía verde.
- **Septiembre:** manzana, uva, pera, plátano, calabaza, tomate, calabacín, berenjena, judía verde.
- **Octubre:** chirimoya, granada, kiwi, plátano, membrillo, acelga, batata, remolacha, espinaca, borraja.
- **Noviembre:** granada, caqui, plátano, naranja, mandarina, coles, lechuga, escarola, espinaca, nabo.
- **Diciembre:** naranja, mandarina, limón, caqui, alcachofa, col, brócoli, escarola, zanahoria, patata.

Pescado

Probablemente tu mayor miedo a la hora de hacer la compra sea enfrentarte cara a cara con la pescadera. No sabes qué pedir ni cómo pedirlo, y te da miedo que se dé cuenta de que no eres un adulto totalmente funcional.

Quizá sea la falta de experiencia *pescatil* la que te lleva a optar por esos filetes envasados que venden en los lineales refrigerados o en los congeladores del súper o, lo que es peor, a no comprar nunca pescado. Déjame decirte que lo estás haciendo mal.

Pero tranquilo, no pasa nada, nunca es tarde para rectificar; yo te voy a enseñar cómo. Vamos paso a paso.

Primero deberás localizar una pescadería en tu barrio. Por desgracia, cada vez hay menos; puede que en tu zona solo encuentres una o dos, pero así te será más fácil elegir a cuál vas a ir.

Si has organizado los menús semanales como te recomendé, tu lista de la compra respecto a la pescadería será similar a esto: dos raciones de pescado blanco y una ración de pescado azul. Simple.

Si no tienes claro cuáles son los pescados azules y los blancos, aquí te dejo una lista con los más conocidos:

- **Pescados azules:** sardina, boquerón, pez espada, verdel, caballa, atún.
- **Pescados blancos:** lubina, rape, rodaballo, lenguado, bacalao, merluza.

En la pescadería, te aconsejo que te dejes guiar por el profesional. Pregunta a la persona que te atiende qué pescados tiene más frescos ese día, cuáles te recomienda llevarte.

Si quieres aprender a detectar un pescado fresquísimo por tu cuenta, fíjate en estas características: escamas pegadas al cuerpo, carne dura, piel brillante, branquias rojas, ojos no opacos, olor a mar pero no fuerte.

Una vez elegida la especie, pídele opinión sobre la mejor manera de cocinarlo. Cuantas más veces repitas el proceso, menos consejo necesitarás, pero al principio no dudes en pedir ayuda. Si no te atreves a limpiar por tu cuenta el pescado en casa —cosa totalmente comprensible—, siempre di que sí cuando te pregunten si quieres llevarte las cabezas y las espinas. Las has pagado y las usarás para hacer unos caldos buenísimos. Hazme caso.

Carne

Comprar en la carnicería es menos intimidante que en la pescadería, al menos para la gran mayoría de la gente. Aun así, en muchos casos acabas saliendo con lo mismo de siempre: unos filetes de ternera para hacer a la plancha, una pechuga de pollo fileteada y algunas hamburguesas.

Para evitar que suceda esto, mi consejo es el mismo que en el punto anterior: busca una carnicería decente y habla con el profesional. Explícale que vas a hacer un estofado de ternera y que buscas una carne adecuada, que quieres preparar pollo en salsa pero que la pechuga queda demasiado seca. Sé que somos una generación con tendencia a comunicarse poco en persona, pero no tengas miedo a preguntar.

Si me haces caso, probablemente acabes descubriendo algunos cortes de carne que no conocías y explorando diferentes maneras de cocinar, incluso ahorrando un poquito, que los filetes de pechuga de pollo suelen ser lo más soso y caro del pobre bicho.

Los secos y otros

Esta es la parte fácil al hacer la compra. Aquí hay poco que decir. Te dejo un par de ideas que a mí me sirven:

Compra al menos un par de grasas diferentes (por ejemplo, aceite de oliva virgen extra y mantequilla). Aunque el aceite de oliva es mi favorito, considero que algunos platos agradecen una grasa más láctea.

Sal de las cuatro especias típicas de siempre. Me imagino tu despensa con los botecitos de orégano, tomillo y romero secos sin usar desde el 2017 y me muero de la tristeza. Ponle un poco de color a ese armario y ve buscando botecitos nuevos (¡y úsalos!).

Es muy útil tener siempre legumbres cocidas en bote, pero empieza a comprar también legumbres secas. Aunque cocer legumbres en casa pueda parecer muy fatigoso, te prometo que es facilísimo, y la diferencia de sabor y textura es abismal.

Las conservas pueden salvarte de muchos momentos críticos. Un bote de tomate triturado, unas latas de atún o de sardinas, unos espárragos blancos o los botes de legumbres que te he comentado deberían estar siempre en tu cocina.

Los básicos: azúcar, harina, vinagre, sal. No te quedes sin, a menos que te apetezca pasar a saludar al vecino.

Conservación de los alimentos

De nada sirve tanta planificación si al llegar a casa lo metes todo en la nevera o en el armario sin ocuparte de que llegue en condiciones el día en que te lo pretendes comer. Guardar bien la compra te costará cinco minutos más que hacerlo mal y te ahorrará dinero y tiempo —si se te estropea la comida, deberás comprarla de nuevo.

- **Carnes y pescados:** lo mejor es envolver cada ración en papel film o ponerlas en una bolsa de congelación o un táper. Si te lo vas a comer ese día o en los dos siguientes, déjalo en la nevera. Si no, en el congelador. Para descongelarlo, sácalo del congelador y ponlo en la nevera 24 horas antes de consumirlo.
- **Verduras y frutas:** el modo de conservación dependerá de la época

del año. Como consideraciones generales, no me gusta demasiado guardar la fruta en la nevera, a no ser que haga mucho calor o que sea fruta ya cortada (la mitad de una sandía, por ejemplo). La mayoría de las verduras y hortalizas sí que aguantan mejor en nevera. Las excepciones serían las patatas, las cebollas y los ajos. Las patatas aguantan mejor en un lugar oscuro, fresco y con un poco de ventilación, como en una despensa. Las cebollas y los ajos se mantienen bien en un lugar fresco, pero nunca se deben refrigerar, a menos que tengamos una cebolla a medias; en ese caso, la envolvemos con film y la ponemos en la nevera.

- **Hierbas frescas:** si compramos perejil, menta, albahaca o cualquier otra hierba fresca, hay que ir con mucho ojo, porque se estropean muy rápido. Te consejo que las envuelvas bien en un papel de cocina humedecido y las guardes en la nevera. Pese a esto, piensa que tienen una vida útil muy corta, así que úsalas tan pronto como puedas.
- **Restos de comida:** si te han sobrado cuatro raciones de lentejas, deja que enfríen y ponlas en un par de táperes. El que dejes en la nevera deberías comértelo en los tres o cuatro días siguientes. El que guardes en el congelador no tardes más de un mes o dos en gastarlo (te recomiendo ponerle una etiqueta con la fecha de conservación para tenerlo más controlado).

Las recetas

Ahora que ya sabes cómo organizarte un poco
en tu día a día, te toca aprender a cocinar algún plato.
Mi idea al escribir este libro no es proporcionarte
un listado de recetas para que las repliques,
debiendo pesar incluso los gramos de sal.
La intención es que, mediante ejemplos de recetas,
aprendas las técnicas básicas de la cocina tradicional
para que luego las puedas aplicar a tu manera.
No tengas miedo a añadir o quitar algún ingrediente,
a modificar cantidades y, en general, a hacer tuya
la receta. De eso se trata la cocina.

Salsas

Cualquier plato, por simple o mediocre que sea, puede mejorar muchísimo con una buena salsa. Sirven para mojar el pan, para acompañar otros alimentos, realzar sabores, aderezar, etc. Las posibilidades que hay son infinitas y, por suerte, en España tenemos una variedad enorme de salsas tradicionales.

Por eso, para que en casa puedas tener algo más que botes de kétchup y mayonesa industriales, te dejo las recetas de algunas de las mejores salsas del país.

SALSAS

Romesco

La mejor salsa del mundo, si alguien quiere oír mi humilde opinión. Se la pongo a todo: carne, pescado, verduras... y nunca me parece demasiada cantidad. Quizá el mundo se esté cayendo, pero si hay romesco en la mesa, sé que todo se arreglará. En cada casa se elabora ligeramente distinta y, además, existen opiniones diversas sobre las diferencias entre esta salsa y la de los *calçots*, pero esta es una guerra en la que no vamos a entrar. Nosotros, a lo nuestro.

 NIVEL DE DIFICULTAD: ● ● ○
Tendrás que esforzarte, pero saldrás adelante.

 DURACIÓN: 40'

 RACIONES: 6

INGREDIENTES:

* 8 tomates maduros
* 1 cabeza de ajos
* 3 cucharadas de carne de ñora
* 2 cucharadas de vinagre
* Un puñado de almendras y avellanas tostadas
* 1 rebanada de pan tostado o frito
* Aceite de oliva
* Pimienta
* Sal

 ELABORACIÓN:

1. Pon los tomates y la cabeza de ajos entera en una bandeja y hornéalos a 200 ºC hasta que estén blandos. Pélalos y métenlos en un vaso de batidora.

2. Fríe el pan y añádelo al vaso junto con el resto de los ingredientes, excepto el aceite. Tritúralo todo bien.

3. Ve añadiendo el aceite poco a poco mientras sigues triturando la mezcla, para que la salsa emulsione. Si ves que ha quedado muy líquida, añádele otro trozo de pan.

SALSAS

Alioli

Quizá lo que voy a explicar es una obviedad, pero «alioli» significa literalmente «ajo y aceite». Por tanto, el alioli es una salsa emulsionada a base de ajos y aceite, aunque en la actualidad se suele preparar también con huevo, lo que se conoce como «ajonesa» o «mayonesa con ajo».
La ajonesa está bastante bien, pero no te voy a mentir, un alioli tradicional es otro nivel. Si no lo has probado, te recomiendo que lo hagas mañana mismo (eso sí, ármate de paciencia, que no es un proceso rápido).

 Nivel de dificultad: ● ● ●
Nivel abuelas y otros expertos

 Duración: 20'

 Raciones: 4

Ingredientes:

* 3 dientes de ajo
* Aceite de oliva
* Sal
* 1 huevo (opcional)

 Elaboración:

1. En un mortero pon los dientes de ajo y un poco de sal. Machácalos hasta formar una pasta.

2. Cuando la tengas, ve añadiéndole aceite, muy poco a poco y sin parar de remover. Conforme integres el aceite, verás que se va formando una salsa espesa. Sigue añadiéndole hasta que logres una textura y un sabor que te guste.

3. Descrito así parece fácil, pero es posible que se te corte en algún momento del proceso. Si desesperas y no te sientes capaz de arreglarlo, vierte parte de la mezcla que tienes en el mortero en un recipiente apto para la batidora eléctrica, añádele un huevo y bátelo con el túrmix para hacer una ajonesa.

SALSAS

Mojo verde

Probablemente, lo primero que te vendrá a la cabeza si digo «mojo» sean papas arrugadas, pero en realidad es una salsa que te servirá para acompañar también carnes, pescados y hortalizas. He elegido el mojo verde porque me parece más versátil que el rojo —y porque, además, nunca he hecho ni comido mojo rojo porque lleva pimiento, no te quiero mentir—. En fin, intenta hacerlo en casa y ya verás la diferencia con los mojos que venden de souvenir en el aeropuerto de Tenerife.

 Nivel de dificultad: ● ○ ○
Asequible incluso para tu primo pequeño

 Duración: 10'

 Raciones: 4

Ingredientes:

* 1 manojo de cilantro
* 2 dientes de ajo
* 1 vaso de aceite de girasol
* Un chorro de vinagre
* Sal

Elaboración:

1. Existen dos formas de prepararlo: en un mortero o con el túrmix. En cualquiera de los dos casos, tritura primero el ajo hasta que te quede una pasta.

2. Después, añádele la sal, el chorro de vinagre y el manojo de cilantro que habrás picado antes de meterlo en el mortero o en el túrmix, y tritúralo bien todo junto.

3. Finalmente, ve añadiéndole poco a poco el aceite mientras sigues mezclando para que se integre todo bien.

SALSAS

Salsa brava

Pocas cosas existen que sean más míticas que las patatas bravas. Cada bar tiene una versión, tanto de la salsa como de las patatas y, no nos vamos a engañar, cada día resulta más difícil encontrar unas que valgan la pena. Aunque en la mayoría de los sitios te sirven una mayonesa con un poco de pimentón picante y se quedan tan panchos, en otros se lo curran bastante más, elaborando sofritos de tomate caseros y otras combinaciones épicas. Sin embargo, aquí quiero enseñarte la que es, en teoría, la auténtica salsa brava, la originaria. Al lío.

 NIVEL DE DIFICULTAD: ● ● ○
Tendrás que esforzarte, pero saldrás adelante.

 DURACIÓN: 30'

 **RACIONES: 4**

INGREDIENTES:

* 2 cebollas medianas
* 2 dientes de ajo
* 1 cucharada de pimentón dulce
* 1 cucharada de pimentón picante
* 1 cucharada de harina
* 2 vasos de caldo de carne
* Sal
* Aceite de oliva
* Mayonesa (opcional)

ELABORACIÓN:

1. En una olla, pon el aceite, la cebolla y el ajo, y añade un pizca de sal para hacer un sofrito.

2. Cuando lo tengas listo, añádele la harina y cocínalo un par de minutos más.

3. Añádele luego los dos tipos de pimentones, cocínalo unos segundos y viértele el caldo de carne caliente. Remuévelo bien y deja que hierva todo junto durante 10 minutos.

4. Tritúralo todo. Si la salsa ha quedado demasiado líquida, puedes ponerla en una olla y hervirla unos minutos más para que reduzca.

5. También puedes agregarle mayonesa para crear una mezcla entre la salsa brava tradicional y las versiones más actuales pero con un poco más de gracia.

SALSAS

Vizcaína

Una de las cuatro salsas vascas por excelencia, junto con la de tinta, la verde y el pilpil. Esta es facilísima de hacer y, aunque por lo general se usa como acompañamiento del bacalao, a mí me parece que queda genial para otros pescados, y también con verduras.

NIVEL DE DIFICULTAD: ● ○ ○
Asequible incluso para tu primo pequeño

 DURACIÓN: 30'

 RACIONES: 4

INGREDIENTES:

* 4 cebollas moradas
* 5 dientes de ajo
* 90 g de carne de pimiento choricero
* 50 g de aceite de oliva
* Sal

 ELABORACIÓN:

1. En una olla, pon el aceite, el ajo y la cebolla, y añade una pizca de sal para hacer un sofrito.

2. Cuando la cebolla esté bien tierna, añádele la carne de pimiento choricero y déjalo cocinar todo junto durante 5 minutos. Tritúralo todo y ya tendrás la salsa lista.

3. Si la quieres preparar con bacalao, pon el aceite a calentar en la olla a fuego medio con los dientes de ajo (mientras tanto, trocea el bacalao). Cuando los ajos estén dorados, añádele el lomo de bacalao troceado y confítalo 5 minutos por cada lado. Luego retira el bacalao y sigue el mismo procedimiento de la receta. Finalmente, cuando tengas la salsa triturada, vuelve a verterla en la olla, ponle el bacalao confitado y cocínalo todo junto unos 2 minutos más.

SALSAS

Vinagreta de frutas

Aliñar ensaladas puede ser tan aburrido o interesante como tú quieras. No quiero ir de creativa: el 99 % de mis ensaladas llevan sal, un chorrito del vinagre y aceite del bueno. Aunque hay días para todo y a una a veces le apetece darle un poco de emoción al tema. Es entonces cuando entran en juego mis aliños favoritos: las vinagretas de frutas. Esta fórmula sirve para cualquier fruta, pero mis favoritas son el mango, las fresas y el melocotón. Tú pruébalo con varias y ya lo irás viendo.

 NIVEL DE DIFICULTAD: ● ○ ○
Asequible incluso para tu primo pequeño

 DURACIÓN: 10'

 **RACIONES:** 4

INGREDIENTES:

* 200 g de fruta
* 40 g de aceite de oliva
* 30 g de vinagre
* Sal

 ELABORACIÓN:

1. Cogemos todas las frutas y las trituramos muy bien.

2. Añadimos el aceite, la vinagre y la sal y lo seguimos triturando todo junto con las frutas.

3. Y listos: ¡ya tenemos la vinagreta! Esta receta te la he puesto facilita.

37

Caldos

Los caldos son el alma de la cocina; sin duda, una de las comidas más primitivas del mundo. Me imagino al primer *Homo sapiens* que se dio cuenta de que, después de cocer alimentos en agua para ablandarlos o mejorar su textura y sabor, obtenía también un líquido enriquecido lleno de sabor. Qué felicidad.

Posiblemente pienses que hacer un caldo es una tarea superlaboriosa que te robará cuatro horas de tu vida. Pero te aseguro que en ningún caso va a ser así. La mayor parte del tiempo, el caldo cuida de sí mismo, estará ahí hirviendo tranquilamente, sin molestar. No te tienes que quedar mirándolo, te lo prometo.

También soy plenamente consciente de que hoy en día se pueden comprar caldos envasados (algunos de dudosa calidad, otros maravillosos). Yo misma los compro muchas veces, especialmente si quiero usarlos para preparar arroces y otras recetas que necesitan de un buen fondo y no tengo tiempo ni tampoco ganas de ponerme a hacer caldo. Pero... todos sabemos que no hay comparación con un buen caldito casero. Y si tienes dudas, es porque probablemente hace ya demasiado tiempo que no tomas una sopa de caldo casero. Así que, venga, vamos a solucionarlo.

CALDOS

De cocido

Cuando hablo de caldo de cocido, me refiero a uno hecho con diferentes tipos de carne, huesos y vegetales. En cada zona de España recibe un nombre distinto; existen mil variantes. Por ejemplo, el caldo gallego lleva grelos, y el cocido madrileño, repollo. Yo te voy a explicar cómo hacer un caldo genérico para que tú lo adaptes a los ingredientes que tengas más cerca.

 NIVEL DE DIFICULTAD: ● ○ ○
Asequible incluso para tu primo pequeño

 DURACIÓN: 140'

 RACIONES: 6

INGREDIENTES:

* Un trozo grande de ternera (por ejemplo, morcillo)
* Un hueso de caña
* Un hueso de rodilla
* Una punta de jamón serrano
* ¼ trasero de pollo o gallina
* Un trozo de espinazo de cerdo salado
* La parte verde de 1 puerro
* 1 zanahoria
* Apio
* Agua
* Sal

ELABORACIÓN:

1. Pon todos los ingredientes en una olla bien grande. Cúbrelos con agua fría, ponla al fuego y déjalo hervir durante 2 horas.

2. Cuélalo, deja enfriar el caldo y viértelo en varios táperes.

3. Consérvalo en la nevera o el congelador.

4. Este sería el resumen, pero ahí van algunos consejos más:

   - Al principio de la cocción aparecerá espuma en la superficie. Retírala con una espumadera.
   - Mantén el fuego a media potencia.
   - Si se evapora mucha agua de la olla, añádele agua fría.
   - Después de colar el caldo, pruébalo. Si tiene un sabor muy fuerte, haz una segunda tanda de caldo: pon todos los ingredientes en la olla, cúbrelos con agua y repite el proceso. Después, mezcla los dos caldos para lograr un sabor de potencia intermedia. Con el caldo aún en caliente, es el momento de echar sal si le hiciera falta.
   - Las carnes y verduras restantes pueden trocearse y añadirse al caldo para preparar una sopa u otras recetas que veremos más adelante. ¡Nunca las tires!

CALDOS

De pollo

Mi caldo favorito para hacer sopa.
Sin duda, un clásico.

 NIVEL DE DIFICULTAD: ● ○ ○
Asequible incluso para tu primo pequeño

 DURACIÓN: 140'

 RACIONES: 6

INGREDIENTES:

* 1 pollo troceado en trozos grandes (unos ocho)
* 2 zanahorias
* 1 cebolla cortada en cuartos
* La parte verde de 1 puerro
* Un trozo de apio
* Aceite de oliva
* Agua
* Sal

ELABORACIÓN:

1. Para este caldo, creo que es interesante dorar la carne del pollo antes de hervirlo. La carne de ave tiene un sabor bastante suave; si la doramos, se intensificará y nos aportará mucha potencia al caldo.

2. Pon una olla grande con aceite a fuego medio. Una vez calentado, ve añadiendo trozos de pollo y dorándolos por todos los lados. Cuando estén dorados, retíralos y dora la siguiente tanda.

3. Cuando todos tengan color, añádelos a esa misma olla junto con las verduras. Cúbrelo con agua fría y déjalo hervir a fuego medio durante 2 horas.

4. Una vez colado el caldo, prueba el punto de sal y añade solo si lo consideras conveniente.

5. Los consejos de la receta anterior sirven también para la de pollo, excepto que en esta ocasión no te recomiendo hacer un segundo hervido, pues no le extraerás mucho más sabor.

CALDOS

De pescado

Como ahora eres una persona que compra pescado en la pescadería y se lleva las espinas y las cabezas, es posible que tengas el congelador repleto de raspas de lubina, corvina y rape. ¡Épico! Vamos a darles salida.

 NIVEL DE DIFICULTAD: ● ○ ○
Asequible incluso para tu primo pequeño

 DURACIÓN: 40'

 RACIONES: 6

INGREDIENTES:

* Las espinas y cabezas de un par de pescados medianos (puedes añadirlas directamente congeladas a la olla)
* 1 zanahoria
* La parte verde de 1 puerro
* Un trozo pequeño de apio
* Agua
* Sal

 **ELABORACIÓN:**

1. Mete todos los ingredientes en una olla, cúbrelos con agua fría y ponlo a calentar a fuego medio. Déjalo hervir durante 30 minutos. El pescado contiene elementos que, si se cocieran durante más tiempo del necesario, nos dejarían un caldo turbio y con un sabor ligeramente amargo. Para asegurarte de que no pasa de los 30 minutos de cocción, activa un temporizador en el móvil, que nos conocemos.

2. Como en el resto de los caldos, recuerda que debes quitar la espuma al principio de la cocción y añadir la sal al final, solo si lo consideras necesario.

CALDOS

De marisco

Cocinar un buen caldo es la clave del éxito para lograr un buen plato de marisco, como por ejemplo un arroz o un guiso. Si lo haces bien, tienes un 80 % de posibilidades de triunfar (fuente del dato: mi conocimiento empírico).

 Nivel de dificultad: ● ○ ○
Asequible incluso para tu primo pequeño

 Duración: 50'

 Raciones: 6

Ingredientes:

* 20-30 cáscaras y cabezas de gamba o langostino
* Otros mariscos como galeras o cangrejos pequeños (opcional)
* Espinas y cabezas de 1-2 pescados medianos
* 1 cebolla cortada en cuartos
* Aceite de oliva
* Agua
* Sal

 Elaboración:

1. Vierte el aceite en una olla y ponla a fuego medio.

2. Echa las cáscaras de gamba, el resto de los mariscos (si los hubiera) y la cebolla. Deja que tomen color durante un par de minutos mientras vas aplastando las cabezas para extraerles los jugos.

3. Añade las espinas y cúbrelo todo con agua.

4. Igual que en el caso del caldo de pescado, tiene que hervir durante 30 minutos como máximo. Cuélalo y añádele la sal necesaria.

Básicas

Hay recetas que debes aprender a cocinar sí o sí. Están ahí desde tiempos inmemoriales, la abuela de la abuela de tu abuela ya las hacía. Empezar por conocer estas elaboraciones te permitirá elaborar después unos platos más complejos, ya que son la base de la cocina tradicional.

BÁSICAS

Sofrito

El sofrito es, junto con los caldos, la base de muchísimas de las preparaciones más míticas de la cocina. Aprender a hacer un buen sofrito aportará a tus platos el sabor que tenían las comidas de tu infancia. Pese a que los ingredientes variarán de un sofrito a otro, según la receta que quieras hacer o los ingredientes de los que dispongas, la forma de cocinarlos siempre será la misma, y eso es lo que te voy a enseñar aquí. Te explico cómo hacer un sofrito facilito, y luego tú ya te complicas tanto como quieras.

 NIVEL DE DIFICULTAD: ● ● ○
Tendrás que esforzarte, pero saldrás adelante.

 DURACIÓN: 60'

 RACIONES: 6

INGREDIENTES:

* 3 dientes de ajo
* 3 cebollas grandes
* ½ kg de tomate natural triturado o tomate rallado
* Aceite de oliva
* Sal

 ELABORACIÓN:

1. Empieza por picar los vegetales bien pequeños; en este caso, el ajo y la cebolla. Cuanto más pequeños los piques, mejor. Hay muchos vídeos en YouTube en los que te explican cómo picar verduras. Te recomiendo que los veas y aprendas, porque saber picar bien la cebolla te ahorrará, en el futuro, mucho tiempo en la cocina.

2. Pon en el fuego el recipiente que vayas a usar con una capa de aceite fina que cubra el fondo por completo y mantén el fuego a temperatura media. Añádele el ajo y la cebolla picados, la sal, y deja que se cocine. Puedes ir removiéndolo de vez en cuando, pero no es necesario que marees el sofrito constantemente. Si ves que se te pega la cebolla, añade más aceite. Si ves que coge color muy rápido, baja el fuego. La cocción tiene que ser lenta, la cebolla irá soltando su propia agua y poco a poco se reblandecerá y tomará un color dorado. Este proceso durará unos 20 minutos.

3. Pasado ese tiempo, verás que la cebolla y el ajo han tomado un color dorado, son muy blandos y tienen un ligero sabor dulce. Este es el momento de añadir el tomate. Como ves en los ingredientes, el tomate puede ser de diferentes tipos. Si usas tomates frescos, te recomiendo rallarlos; es la manera más fácil de extraerles toda la carne y descartar la piel. Si no, puedes usar tomate triturado en conserva (que no tomate frito, ve con ojo).

4. Una vez incorporado el tomate, mantén el fuego a temperatura media y deja que se cocine. Ve removiéndolo de vez en cuando para que no se pegue. El agua del tomate se irá evaporando y el sofrito se espesará, tomará un color más oscuro. Tras unos 15 minutos estará listo.

5. Antes de apagar el fuego, pruébalo para comprobar si le falta sal y añadírsela si es necesario. Y, ya.

Como te he dicho, hay mil variantes que se pueden aplicar a esta receta. Déjame que te dé algunas ideas:

- No tienes por qué limitarte a la cebolla y al ajo. Ponle pimientos, zanahoria, apio, puerro, calabacín... Un sofrito de todas estas verduras sería una base increíble para un arroz vegetal, por ejemplo.
- Enriquécelo con especias y hierbas: pimienta, comino, curri, orégano, albahaca, perejil, guindillas... Y si optas por poner pimentón, hay que tener especial cuidado para que no se queme: añádelo cuando las verduras ya estén sofritas, antes de agregar el tomate (si es que vas a usarlo); si el sofrito no va a llevar tomate, añade el pimentón, remuévelo un par de veces y apaga el fuego.
- Puedes triturar el sofrito cuando lo tengas listo o dejarlo tal como está, según la textura que desees.

BÁSICAS

Sopa

El invierno tiene sus cosas buenas, incluso para la gente como yo, que somos *team* calor. La Navidad, las tardes de mantita y Netflix en el sofá, las duchas de agua caliente y, por supuesto, cenar sopa. Y digo «sopa», no me refiero a esos sobres que abres y mezclas con agua caliente. Ni a los boles de caldo con cuatro fideos. Me refiero a las sopas de verdad, con sustancia, con alma. Te lo explico.

 NIVEL DE DIFICULTAD: ● ○ ○
Asequible incluso para tu primo pequeño

 DURACIÓN: 50'

 **RACIONES:** 2

INGREDIENTES:

* ½ litro de caldo (puedes hacerlo casero, como te he enseñado, o de bote)
* 300 g de vegetales a elegir (cebolla, zanahoria, puerro, apio, tomate...)
* Las carnes cocidas del caldo
* 60 g de pasta para sopa
* Agua
* Aceite de oliva
* Sal

 ELABORACIÓN:

1. Primero, pica bien pequeños los vegetales que hayas elegido, ponlos en una olla con aceite a fuego medio y deja que se cocinen durante unos 15 minutos. Vaya, aquí podrás practicar lo aprendido en la receta anterior, la del sofrito.

2. Mientras se van sofriendo, es momento de coger las carnes con las que has hecho el caldo (ya sean de pollo, ternera, cerdo...) y quitarles todos los huesos, piel y partes no comestibles.

3. Cuando tengas las carnes separadas, desmenúzalas con las manos.

4. Ahora añade las carnes a la olla del sofrito y vierte también el caldo. Deja hierva suavemente todo durante 20 minutos.

5. Pasado ese tiempo, añade la pasta y deja que hierva hasta que esté cocida, respetando el tiempo indicado en el envase de la pasta. Las cantidades las eliges tú. Hay quien prefiere una sopa más o menos espesa, con muchos o pocos tropezones... yo ahí no me meto.

Si decides usar caldo industrial y quieres que la sopa tenga carne, añade unos trozos de pechuga de pollo al caldo cuando lo eches a la olla. Pasados los 20 minutos de cocción, retira la pechuga, deshiláchala y añádela de nuevo a la olla.

Si lo que quieres es hacer una sopa de pescado, el proceso es muy similar. Como no tendrás restos de pescado que hayas usado para el caldo, añade a la olla trozos de algún pescado o marisco. Por ejemplo, a mí me gusta echarle merluza a trozos, almejas y gambas peladas. Eso sí, lo añado cuando le faltan pocos minutos de cocción, para que no quede sobrecocido. También le pongo un poco de pimentón al sofrito, que le da un sabor y color muy característico.

BÁSICAS

Puré de verduras

Puede que este plato fuera tu peor pesadilla cuando eras un pequeño ser que, como yo, comía en el comedor del cole. Allí me servían, en un bol de plástico, un puré completamente desligado (por abajo, un líquido verdoso, y por arriba, una pasta espesa de calabacín) y se quedaban tan anchos. Bien, pues intentemos cambiar este concepto de puré o crema de verduras que tienes en mente, porque te aseguro que la realidad puede ser muy diferente. Y para muestra, esta receta de puré de puerro y patata.

 Nivel de dificultad: ● ○ ○
Asequible incluso para tu primo pequeño

 Duración: 40'

 Raciones: 4

Ingredientes:

* 3 puerros
* 2 patatas grandes
* Mantequilla
* Agua
* Sal
* Nata líquida para cocinar (opcional)

Elaboración:

1. Separa la parte blanca del puerro de la verde (esta última la puedes lavar bien y guardar para hacer caldo otro día).

2. Corta la parte blanca en rodajas anchas y échalas a una olla con un buen trozo de mantequilla. Ponlo al fuego a temperatura media y añádele sal. Deja que se cocine durante unos 10 minutos, hasta que el puerro esté blando pero sin que tome mucho color.

3. Cuando esté en este punto, añade la patata pelada y cortada a trozos y vierte la cantidad justa de agua para que el puerro y la patata queden cubiertos (si te pasas, te quedará muy líquido). Déjalo hervir unos 25 minutos.

4. Transcurrido este tiempo, comprueba que la patata esté tierna y tritúralo todo con el túrmix o un robot de cocina.

5. Añade sal al gusto y, si quieres, un chorrito de nata líquida. Puedes servir el puré frío o caliente.

6. No sé si es necesario decirlo de nuevo, pero obviamente puedes seguir la misma técnica cambiando el puerro por otra hortaliza (o mezclando varias de ellas). Calabacines, calabazas, zanahorias, coliflor, brócoli..., con cualquiera de ellas te quedará una crema buenísima si aciertas el punto de sal y la cantidad de agua para la cocción. Si ves que hay demasiado líquido en la olla, separa la verdura cocida, tritúrala con parte del agua, y ve añadiendo esta mezcla según lo consideres necesario.

A mí me encanta usar mantequilla para hacer purés y cremas, pero puedes cambiarla por aceite de oliva, sin problema. También aquí te recomiendo que juegues con las especias. Te recomiendo, por ejemplo, la combinación de coliflor y curri: rehogo la coliflor cortada en arbolitos con un poco de mantequilla, añado las patatas troceadas y un poco de curri en polvo, le doy un meneo y lo cubro con agua. El resto del proceso ya lo conoces.

BÁSICAS

Arroz blanco

Cocer arroz es una tarea simple. Sin embargo, en la mayoría de las casas de este país, se hace casi siempre mal. Y ya me fastidia decir esto, pero la mía cuenta, a menudo, entre una de esas casas. En algunas ocasiones le pongo demasiada agua, otras me quedo un poco corta de cocción; incluso alguna vez me queda la típica masa pastosa formada por almidón y restos de granos de arroz casi imperceptibles que todos hemos probado. Qué queréis que os diga, yo también soy humana. Pese a lo dicho, te prometo que el arroz es muy fácil de cocinar. El problema aparece cuando no estamos atentos al proceso o no seguimos los pasos correctamente. De verdad, si lo haces como te lo voy a explicar, te quedará siempre perfecto.

 NIVEL DE DIFICULTAD: ● ○ ○
Asequible incluso para tu primo pequeño

 DURACIÓN: 20'

 RACIONES: 2

INGREDIENTES:

* 200 g de arroz
* 400 g de agua
* Aceite
* Sal

 ELABORACIÓN:

1. Pon en una olla un chorro de aceite a calentar. Añade el arroz y remuévelo. Verás que rápidamente toma un color más translúcido.

2. En ese momento tienes que añadir el agua y subir el fuego para que empiece a hervir. Dale unas vueltecitas más al arroz para que no se acumule en el fondo de la olla, pero tampoco lo remuevas continuamente, porque entonces te puede quedar pegajoso.

3. Cuando el agua empiece a hervir, añade la sal y baja el fuego al mínimo.

4. Tapa la olla y déjalo cocer el tiempo que se indique en el envase del arroz. Suelen ser unos 15 minutos, pero dependerá de la variedad; además, te recomiendo que no te fíes al cien por cien de las indicaciones y vayas comprobando cómo va tu arroz cada cierto tiempo.

5. Si ves que ha quedado seco y aún está medio crudo, añade un poco más de agua caliente.

Existen más técnicas que funcionan para hacer arroz blanco. Por ejemplo, hay quien lo cuece como la pasta: en mucha agua y luego lo escurre. Pese a que mucha gente está en contra de este método, puedes probarlo, y si te gusta el resultado, hacerlo siempre así. Total, en tu arroz mandas tú.

BÁSICAS

Tortilla de patatas

Con cebolla o sin cebolla. Poco hecha o bien cuajada. Con las patatas a cuadraditos o a rodajas. Da igual como la hagas, pero hazla. Nadie puede considerarse un adulto funcional si no sabe hacer una tortilla de patatas en condiciones, así que de hoy no pasa, que seguro que tienes los ingredientes necesarios en casa. No hay excusa que valga.

 NIVEL DE DIFICULTAD: ● ● ○
Tendrás que esforzarte, pero saldrás adelante.

 DURACIÓN: 40'

 RACIONES: 6

INGREDIENTES:

* 1 kg de patatas
* 12 huevos
* 1 cebolla
* Sal
* Aceite

Antes de empezar, quiero hacer un pequeño *disclaimer*:

Esta es MI versión de la tortilla de patatas.

Nadie te obliga a hacerla como yo. Todas las versiones son válidas y respetables (incluso las de los sincebollistas). Dicho esto, *vamo' al lío*.

 ELABORACIÓN:

1. Primero, pela las patatas y córtalas en rodajas finas. Yo lo hago cortando primero las patatas por la mitad, a lo largo; de esta manera, la superficie amplia de la patata queda bien apoyada sobre la tabla de corte y me permite hacer rodajas finas de cada media patata.

2. Después, pela la cebolla, córtala también por la mitad y pícala en juliana (es decir, en tiras finas).

3. Ahora, pon una sartén grande con dos dedos de aceite a calentar a fuego medio-alto y, cuando esté caliente, añade la patata y la cebolla. La idea es pocharlas hasta que queden blandas y bien doradas. Intenta no removerlas demasiado para que la patata no se rompa mucho, si no terminará hecha un puré. El proceso durará unos 20 minutos, pero ten paciencia, vale la pena. Trascurrido este tiempo, verás que la tanto la patata como la cebolla han tomado color dorado y están tiernas. Si no es el caso, deja que se cocinen un poco más.

4. Mientras tanto, ve cascando los huevos en un bol y bátelos hasta que queden bien mezclados, no hace falta que te dejes el brazo removiendo. Es el momento de añadirles la sal.

5. Cuando la patata y la cebolla estén listas, cuélalas para retirarles todo el aceite y, estando aún calientes, échalas al bol de los huevos y mézclalo todo bien. Con el calor de las patatas, el huevo empezará a cocinarse; esto ayuda a que la tortilla salga más cremosa, así que debes trabajar un poco la mezcla.

6. Es el momento de poner la sartén para la tortilla al fuego, a una temperatura medio-alta. Añádele un chorro de aceite, vierte la mezcla de huevo, patata y cebolla en ella, y ve moviéndola. Agarra la sartén por el mango y, con un juego de muñeca, dale unos meneos a la tortilla.

7. Cuando los bordes se empiecen a cuajar y a cerrar sobre la parte superior de la mezcla, como envolviéndola, ya se le puede dar la vuelta. Aquí ya entraría el tema de los gustos; si la quieres cremosa y poco cuajada, le das la vuelta en ese momento y la dejas cocinar por el otro lado 1 minuto más. Si te gusta más cocida, la dejas 2 o 3 minutos por cada lado.

Elije la mejor sartén que tengas en casa, para que no se te pegue. Te recomiendo que, si eres muy fan de hacer tortillas, reserves una sartén solo para este uso y la guardes y friegues siempre con mucho cariño.

Si lo que te preocupa es la salmonela, te aseguro que el huevo, aunque la tortilla esté poco hecha, alcanzará la temperatura de seguridad de sobra, así que, si te vas a comer la tortilla al momento, no hay ningún problema en dejarla poco cuajada.

Clásicos de verano

Estos son los platos que me imagino comiendo tras una mañana de playa. Algunos de ellos los he comido toda la vida, cuando pasaba parte del verano con mis abuelos. Mi yaya madrugaba más que nosotros para dejar la comida medio hecha, y volvía un rato antes de la playa para tenerla en la mesa cuando llegábamos a casa.

Creo que nunca se lo llegamos a agradecer lo suficiente. Comer huevos rellenos después de la playa, echarse luego la siesta y por la tarde chapotear en la piscina me parecía el mejor plan de verano de la historia. De hecho, aún me lo parece.

Te dejo un listado de recetas míticas para que, cuando empiece a apretar el calor, puedas preparárselas a tu familia y amigos y las conviertas en los futuros recuerdos de sus veranos.

CLÁSICOS DE VERANO

Ensaladilla rusa

Ya he hablado de la batalla en torno a la tortilla de patatas, y todos conocemos las peleas sobre lo que se considera una paella y lo que no. Pues no te creas que la ensaladilla se libra de estas movidas. En cada región se hace con unos ingredientes distintos, incluso las ciudades vecinas no se ponen de acuerdo con lo que debería llevar una buena ensaladilla. En lo que todo el mundo sí se pone de acuerdo es en la patata cocida y la mayonesa (a poder ser, casera). Te voy a explicar lo que le pongo yo, y ya decidirás si te quedas con mi versión o creas la tuya propia.

 Nivel de dificultad: ● ● ○
Tendrás que esforzarte, pero saldrás adelante.

 Duración: 60'

 Raciones: 4

Ingredientes:

* 3 patatas grandes
* 2 zanahorias
* 2 huevos duros
* Encurtidos (pepinillos, piparras, alcaparras...)
* Mayonesa al gusto
* Algún pescado (atún o bonito en conserva, gambas cocidas, anchoas en salazón...)
* Agua

Elaboración:

1. En una olla grande, pon a cocer las zanahorias y las patatas enteras, sin pelar. Cuando se puedan pinchar con un cuchillo porque ya están tiernas, retíralas de la olla. Pélalas, y pícalas en trozos pequeños.

2. Por otro lado, pon una olla pequeña con agua a fuego alto. Cuando empiece a hervir, añade los huevos con cuidado para que no se rompan y déjalos cocer durante 10 minutos.

3. Deja que los huevos enfríen un poco, pélalos y pícalos en trozos pequeños. Pica también los encurtidos a tu elección y mézclalo todo en un bol.

4. Alíñalo con la mayonesa, ajusta el punto de sal, y ya tienes la ensaladilla.

5. Déjala que repose en la nevera unas cuantas horas para que puedas servirla bien fría.

Si preparo la ensaladilla con atún en conserva, añado el atún también en el bol. Si la hago con un buen bonito o con anchoas, me espero y, al emplatarla, los pongo por encima para decorar y resaltar la ensaladilla.

Por cierto, si no sabes hacer mayonesa, no te preocupes, te lo enseño rápidamente:

En el vaso del túrmix, pon un huevo, un chorro de limón exprimido o de vinagre y dos dedos de aceite de girasol. Coloca el brazo de la batidora en el fondo del vaso y ponlo en marcha. No lo despegues del fondo hasta que se empiece a formar la mezcla y la mayor parte del aceite esté integrada. El tiempo que tarde en comenzar a emulsionar dependerá de la potencia de tu túrmix, puede ser desde unos segundos o hasta 1 minuto. Cuando la mezcla tome aspecto de mayonesa, levanta el brazo de la batidora y muévelo arriba y abajo suavemente mientras vas añadiendo más aceite a chorro fino. La cantidad de aceite dependerá de la cantidad de mayonesa que desees. Añade sal al gusto y termina de batirlo. Ya la tienes.

CLÁSICOS DE VERANO

Sopas frías

El gazpacho y el salmorejo son tus mejores compañeros cuando hacer calor. Sin embargo, no son las únicas sopas frías que existen. Te dejo un par de ejemplos más para que te inspires.

 NIVEL DE DIFICULTAD: ● ○ ○
Asequible incluso para tu primo pequeño

 DURACIÓN: 15'

 RACIONES: 4-6

SALMOREJO:

* 1 kg de tomates
* 1 diente de ajo
* 100 g de miga de pan
* Un chorrito de vinagre
* 80 g de aceite de oliva virgen extra
* Sal al gusto
* Huevo duro y jamón serrano picados (opcional)

AJOBLANCO:

* ½ litro de agua
* 150 g de miga de pan
* 80 ml de aceite de oliva virgen extra
* 100 g de almendras crudas
* 1 diente de ajo
* Un chorrito de vinagre
* Sal al gusto
* Uvas (opcional)

SOPA DE MELÓN:

* ½ melón de tamaño grande
* 80 g de nata líquida para cocinar
* Sal al gusto
* Unas hojas de menta o hierbabuena (opcional)
* Jamón serrano (opcional)

GAZPACHO:

* 1 kg de tomates
* ¼ de cebolla
* 1 diente de ajo
* ½ pepino pelado
* Un trozo de pimiento verde
* Un chorrito de vinagre
* Un buen chorro de aceite de oliva virgen extra
* Sal al gusto

 ELABORACIÓN:

1. Hacer una sopa fría es tan sencillo como triturar todos los ingredientes y enfriarla antes de servirla.

2. El aceite es el último ingrediente que debes añadir: poco a poco y a chorro, para que emulsione mejor. Si tu batidora no es muy potente, es posible que necesites colar la sopa antes de meterla en la nevera. Para hacerlo, usa un colador chino.

3. Puedes servir las sopas con *toppings* para darles un poco más de gracia. Para el gazpacho, lo tradicional es picar pimiento, pepino y cebolla bien finitos. El salmorejo se suele servir con huevo duro y jamón serrano picados. Al ajoblanco le puedes echar uvas. Y a la sopa de melón mucha gente le pone también jamón (a mí no me encaja del todo, probablemente porque no soy muy fan del melón con jamón tradicional).

CLÁSICOS DE VERANO

Arroz negro

Comer un buen arroz en verano es uno de los mayores placeres de la vida. Y no nos engañemos, si es en una terracita con vistas al mar, no tiene comparación. Pero el bolsillo no siempre nos permite salir a comer por ahí; además, no hay mejor manera de lucirte delante de alguien que cocinando un buen arroz (y te lo aseguro, es mucho más sencillo de lo que parece). El arroz negro es uno de mis favoritos porque lo tiene todo: una pinta increíble, un sabor de locos y esa aura de plato complicado que te da caché como chef *amateur*. Ya verás, hazme caso.

 NIVEL DE DIFICULTAD: ●●●
Nivel abuelas y otros expertos

 DURACIÓN: 60'

 RACIONES: 4

INGREDIENTES:

* 400 g de arroz
* 4 chipirones grandes
* 8 gambas crudas peladas
* 2 cebollas
* 4 dientes de ajo
* 2 tomates rallados
* 1 litro de caldo de pescado
* Tinta de sepia o calamar
* Aceite de oliva
* Sal

 ELABORACIÓN:

1. En la paella o sartén donde vayas a hacer el arroz y a fuego alto, echa un poco de aceite y dora las gambas unos segundos por ambos lados, lo justo para que cambien de color. Retíralas.

2. En la misma sartén, prepara un sofrito con el ajo, la cebolla y el tomate. Si no te acuerdas de cómo se hace, repasa la receta del sofrito.

3. Mientras tanto, trocea los chipirones (yo prefiero cortarlos en cuadrados antes que hacerlo en rodajas). En una olla, vierte el caldo de pescado y déjalo hervir a fuego lento. En un poco de este caldo, diluye la tinta de los chipirones.

4. Cuando el sofrito esté a punto, añade los chipirones. Deja que tomen color y añade el arroz. Remuévelo un poco y vierte la tinta diluida en la sartén. Mézclalo todo bien para que la tinta se esparza bien por el arroz y luego añádele la mitad del caldo, muy caliente.

5. Mantén el arroz a fuego suave y sin apenas removerlo. Cada vez que el líquido se esté consumiendo del todo, añade un poco más de caldo, y hasta que el arroz quede cocido. Probablemente no tengas que usar todo el litro de caldo, pero es mejor tenerlo preparado por si fuera necesario. El tiempo habitual de cocción es de 15-18 minutos, según la variedad de arroz y la temperatura del fuego. Ve probando el punto cada pocos minutos para asegurarte que no se te pasa de cocción. Cuando notes que casi está listo, añade las gambas, déjalo cocer 1 minuto más y apaga el fuego.

6. Una vez retirado del fuego, déjalo reposar unos 10 minutos. Trascurrido ese tiempo estará listo para servir.

Si compras las gambas enteras, puedes utilizar las cabezas y las cáscaras para hacer un buen caldo.

Para acompañar el arroz negro, te recomiendo al mil por cien que prepares un buen alioli (bueno, técnicamente, una ajonesa, que no se me enfade ningún purista). Para elaborarlo, repite exactamente los pasos de la mayonesa que te explico en la receta de la ensaladilla rusa, pero añadiendo un diente de ajo a la mezcla.

CLÁSICOS DE VERANO

Fideuá

La fideuá es el hermano infravalorado del arroz de marisco. Su elaboración resulta incluso más sencilla, pero con un resultado igualmente espectacular. Aunque es un plato típico de Gandía, se ha extendido por toda la costa mediterránea y, como suele suceder, en cada casa hay una versión. Probablemente esta no sea la receta cien por cien tradicional, pero te aseguro que funciona igual de bien.

 NIVEL DE DIFICULTAD: ● ● ○
Tendrás que esforzarte, pero saldrás adelante.

 DURACIÓN: 40'

 RACIONES: 4

INGREDIENTES:

* 400 g de fideos (del n.º 3 o n.º 4)
* 1 calamar o pescado a trozos (rape)
* 12 gambas (o cigalas o gambones)
* 1 cebolla grande
* 3 dientes de ajo
* 2 tomates rallados
* Pimentón dulce
* 1 litro y ½ de caldo de pescado
* 2 dientes de ajo
* Perejil fresco
* Aceite de oliva
* Sal

 ELABORACIÓN:

1. Empieza por dorar las gambas o cigalas en la paella en aceite caliente. No tienes que cocinarlas, solo dejar que tomen color. Retíralas.

2. Haz lo mismo con el calamar o el pescado a trozos. Cuando tome color, sácalo de la paella y, ahí mismo, añade más aceite para sofreír la cebolla, el ajo y los tomates. (Tienes la receta del sofrito en la página 46).

3. Mientras tanto, vierte el caldo de pescado en una olla y déjalo en el fuego; tiene que estar caliente en todo momento pero sin que llegue a hervir.

4. Cuando el sofrito esté listo, añade el pimentón y remuévelo todo enérgicamente para que no se queme. Añade por último los fideos y el pescado o calamar y remuévelos un poco para que se integren bien con el resto de los ingredientes.

5. Empieza a añadir caldo caliente a la paella, poco a poco. Échale caldo cada vez que se consuma casi por completo. El tiempo de cocción de los fideos suele ser de unos 12 minutos, pero variará en función del tipo de fideo y la temperatura a la que tengas el fuego. Cuando falte poco para que los fideos estén cocidos, añade las gambas a la paella para que se terminen de cocinar; agrega también el majado hecho con el ajo, el perejil y el aceite de oliva.

6. Apaga el fuego, deja reposar 10 minutos, y la fideuá estará lista para servir.

Por si no estás familiarizado con los majados y las picadas, te explico cómo prepararlos: machaca todos los ingredientes en un mortero hasta que te queden hechos un picadillo, una especie de pasta con trocitos. Si no tienes mortero, los puedes picar con un túrmix, un vaso americano o un robot de cocina.

No sé si esto es tradicional o no, pero en mi casa siempre se ha comido con alioli. Y lo recomiendo al cien por cien.

CLÁSICOS DE VERANO

Calamares a la andaluza

El pescado frito es perfecto para cualquier época del año, pero estaremos todos de acuerdo en que apetece incluso un poquito más en verano. Existen varios tipos de rebozado (a la andaluza, a la romana, empanado...), pero a la andaluza es sin duda alguna mi favorita. Sirve para freír calamares, pero también chipirones, boquerones, gambas y pescado en general.

 Nivel de dificultad: ● ○ ○
Asequible incluso para tu primo pequeño

 Duración: 20'

 Raciones: 4

Ingredientes:

* 2 calamares grandes
* Harina de garbanzo (o, aunque es menos recomendable, de trigo)
* Aceite de girasol o de oliva
* Sal

 **Elaboración:**

Si te atreves a comprar los calamares enteros, te explico en un momento cómo limpiarlos. Si no, puedes saltarte los dos siguientes párrafos.

1. Tienes un calamar delante. Bien. Agarra la cabeza, justo por debajo de los tentáculos, y tira suavemente. Verás que sale todo lo que hay dentro. Para separar los tentáculos, haz un corte justo por encima de los ojos y retira la boca (es la bola dura en la base que une todos los tentáculos). Ya los tienes. De lo que has sacado del interior del calamar, puedes rescatar la bolsita de tinta tirando de ella muy suavemente, si la quieres guardar para preparar más adelante algún arroz negro u otro plato; pero ve con mucho cuidado para que no se te rompa. También verás una parte carnosa en forma de U que se separa fácilmente si tiras de ella; esta parte también se puede comer, aunque casi siempre se desaprovecha. El resto puedes tirarlo a la basura.

2. Dentro del cuerpo del calamar hay todavía la pluma, una pieza dura y transparente que es el esqueleto del animal. Retírala. Retira también con las manos las aletas del calamar y la piel. Las aletas están unidas entre sí por una parte dura; para terminar de limpiarlas, haz cortes a ambos lados de la parte dura, así te quedarán las dos aletas por separado. El cuerpo o tubo del calamar tienes que limpiarlo por dentro y, para ello, debes darle la vuelta; pon el dedo gordo en la punta del tubo y ve introduciéndola hacia dentro del cuerpo hasta que sea posible darle la vuelta como a un calcetín. Si con el dedo no puedes, pruébalo con la parte final de un tenedor o cuchara, por ejemplo. Cuando lo tengas al revés, ponlo debajo del grifo y retira bien los restos de vísceras y pellejitos que puedan haber quedado. Si lo vas a cortar en anillas, primero dale la vuelta de nuevo. Si, por el contrario, quieres hacer tiras (estilo rabas) o cortarlo a cuadros, no hace falta que le des la vuelta; haz un corte a lo largo del cuerpo para dejarlo abierto, te recomiendo que sigas una hendidura que hay en uno de los lados. Una vez que tengas el cuerpo totalmente abierto, haz el corte que más te guste.

3. Para freír el calamar, calienta en primer lugar una sartén con una cantidad abundante de aceite.

4. Mientras tanto, pasa el calamar por un plato con harina de garbanzo, retira el exceso de harina, y fríelo en la sartén cuando el aceite esté bien caliente. Para retirar el exceso de harina te recomiendo introducirlos en un colador de malla y darles unas sacudidas.

5. Cuando esté dorado, ponlo en un plato con papel absorbente y échale sal al gusto.

6. Yo siempre los como con un chorrito de limón. Sí, hay quien piensa que es un sacrilegio y tal, porque no le saben a vida.

CLÁSICOS DE VERANO

Conejo en escabeche

A veces se me hace un poco bola comer carne en verano; no me apetece, me sienta muy pesada con el calor, así que solo se me ocurre una manera de meterla en mi día a día. El escabeche es la receta perfecta para estos casos: le da a la carne un punto ácido que la hace más fresca y además te permite comerla templada o incluso fría y añadirla a ensaladas o ensaladillas. El conejo es una carne muy sabrosa, pero soy consciente de que a mucha gente no le gusta o no la come por diversos motivos. Esta receta te servirá también para prepararla con pollo, codornices, perdices e incluso pescado y marisco. No te dejes asustar por el título de la receta.

 NIVEL DE DIFICULTAD: ● ● ○
Tendrás que esforzarte, pero saldrás adelante.

 DURACIÓN: 60'

 RACIONES: 4-6

INGREDIENTES:

* 2 conejos troceados
* 2 cebollas medianas
* 2 zanahorias
* 7 dientes de ajo
* 2 vasos de aceite de oliva
* 1 vaso de vinagre (cuanto mejor sea, más rico quedará)
* 1 vaso de vino blanco
* 1 vaso de agua
* 2 hojas de laurel
* Pimienta negra
* Romero y tomillo
* Sal

 **ELABORACIÓN:**

1. Empieza por salpimentar el conejo.

2. Pon en una olla el aceite a fuego medio-alto y ve metiendo los trozos de conejo dentro. Deben tomar color, pero sin cocinarse por completo; lo mejor es hacerlo por tandas. Cuando los trozos de la primera tanda ya estén dorados, retíralos y añade la siguiente; sigue así hasta que los tengas todos listos.

3. Por otro lado, pela y trocea las zanahorias y las cebollas, y pícalas en tiras.

4. Pela también los dientes de ajo y aplástalos un poco con la hoja del cuchillo.

5. Añade todas las hortalizas al aceite en el que has dorado el conejo y deja que se cocinen a fuego medio hasta que estén tiernas.

6. Añade también los aromáticos (laurel, tomillo, romero...).

7. Cuando las verduras estén tiernas, agrega de nuevo el conejo y cúbrelo todo con el vino, el vinagre y el agua. Déjalo hervir durante 40 minutos.

8. Tras apagar el fuego, espera a que baje un poco de temperatura, pásalo a un recipiente y guárdalo en la nevera para que enfríe hasta el día siguiente.

9. Puedes comerlo frío o calentarlo un poco. Los trozos más carnosos los puedes deshuesar, trocear y añadir a una ensalada.

Para hacer pollo escabechado, la receta es exactamente la misma.

Si prefieres preparar pescado en escabeche, es muy similar, pero te doy un par de consejos: antes de dorar el pescado, pásalo por harina. Además, como el pescado se cocina muy rápidamente, déjalo hervir con el conjunto del escabeche unos 5 minutos solamente.

CLÁSICOS DE VERANO

Huevos rellenos

Como te he explicado antes, esta es una de las comidas que me transporta a los veranos de mi infancia. Son un poco laboriosos de preparar, pero el resultado es tan bueno que se te olvidará que te has pasado un buen rato cocinando. Te lo prometo.

 NIVEL DE DIFICULTAD: ● ○ ○
Asequible incluso para tu primo pequeño

 **DURACIÓN: 40'**

 **RACIONES: 4**

INGREDIENTES:

* 8 huevos
* 4 latas de atún en conserva
* 1 cebolla
* 3 cucharadas de tomate frito
* 8-10 aceitunas sin hueso
* Aceite de oliva
* Mayonesa
* Sal al gusto
* Perejil (opcional)
* Cebollino (opcional)
* 1 tira de pimiento de piquillo (opcional)

ELABORACIÓN:

1. Pon una olla con agua al fuego y llévala a ebullición.

2. Cuando hierva suavemente, añade los huevos con mucho cuidado y déjalos cocer 10 minutos.

3. Déjalos enfriar, pélalos y córtalos por la mitad a lo largo. De cada mitad, separa las yemas de las claras y resérvalas todas.

4. Pica las aceitunas y resérvalas.

5. Pica también la cebolla, pequeñita, y ponla a pochar en una sartén con un poco de aceite. Mantén el fuego a temperatura media para que se cocine y se ablande sin que tome demasiado color.

6. Cuando esté lista, apaga el fuego y mézclala en un bol con el atún escurrido, las aceitunas picadas, el tomate frito, las yemas cocidas, mayonesa al gusto y sal. Con esta mezcla, ya puedes rellenas las medias claras que habías reservado.

7. Si te apetece decorar un poco los huevos rellenos, puedes poner un poco más de mayonesa por encima, perejil o cebollino picado, una tira de pimiento de piquillo... Lo dejo a tu elección.

De la misma manera, puedes poner o quitar ingredientes del relleno a tu gusto. Por ejemplo, puedes cambiar la cebolla pochada por un poco de cebolleta fresca picada cruda. Puedes añadir también algún otro encurtido como pepinillos o alcaparras.

Si quieres hacer mayonesa casera y no sabes cómo, tienes la explicación en la receta de la ensaladilla rusa.

CLÁSICOS DE VERANO

Ensalada malagueña

Una ensalada no tiene por qué ser una mezcla de lechuga de bolsa con cuatro tonterías más que se te iban a poner pochas en la nevera. Sí, sé que esto te ha pillado por sorpresa y puede que necesites un momento para asimilarlo, pero te digo que es verdad. Una ensalada es una mezcla de ingredientes que puede incluir hortalizas, verduras, frutos secos, carnes, pescados, pasta, arroz, legumbres cocidas, huevos, encurtidos, aliño... Tienes todo el verano para probar combinaciones y salir del *mezclum* con latas de maíz y aceitunas rellenas de anchoa. Dale, ánimo.

 NIVEL DE DIFICULTAD: ● ○ ○
Asequible incluso para tu primo pequeño

 DURACIÓN: 40'

 RACIONES: 4

INGREDIENTES:

* 4 patatas medianas
* 300 g de bacalao desalado desmigado
* 2 naranjas
* Aceitunas aliñadas
* 1 cebolleta (opcional)
* Aceite de oliva virgen extra
* Vinagre
* Sal

 ELABORACIÓN:

1. En una olla con agua y sal, cuece las patatas con piel durante unos 20-25 minutos. Pínchalas con un cuchillo para asegurarte de que están completamente cocidas. Déjalas enfriar bien, pélalas y trocéalas.

2. El bacalao desalado a mí me gusta comerlo tal cual, sin cocinar. Pero, si no te gusta la idea, le puedes dar una cocción de 5 minutos en agua hirviendo.

3. Trocea la naranja intentando dejar el mínimo de parte blanca posible para que no amargue la ensalada.

4. Si quieres ponerle cebolleta, pícala.

5. Mezcla las patatas troceadas, el bacalao, la naranja también troceada, las aceitunas y la cebolleta picada si decides añadírsela.

6. En un botecito, pon el aceite, el vinagre y la sal, tapa el bote y sacúdelo con energía. Siempre será mejor hacer una vinagreta rápida usando este método que añadir los ingredientes del aliño por separado sobre la ensalada.

7. Aliña la ensalada y ya lo tienes.

Clásicos de invierno

Llega el frío y el cuerpo te pide comida caliente, consistente. El invierno es la época perfecta para guisar, para que tu casa huela a estofado, a legumbres, a caldo haciendo chup chup. Apetece menos salir a la calle los domingos y más quedarse en el sofá con la mantita y viendo cualquier cosa en Netflix, lo cual propicia el escenario perfecto para que te dediques a cocinar recetas tradicionales de cuchara, porque, mientras ellas se van cociendo solas, puedes seguir viendo *Paquita Salas* por sexta vez. Dime si no te parece un planazo.

Te dejo la selección de algunas de mis recetas favoritas para combatir el frío. Son platos muy simples pero que llenarán tu casa de felicidad (y de vaho en las ventanas).

CLÁSICOS DE INVIERNO

Macarrones gratinados

Y ahora estarás pensando: «Oye, Carla, pero unos macarrones me los puedo comer en pleno agosto, de qué vas». Y tienes toda la razón, por poder, puedes. Peeero... unos macarrones bien hechos, con una salsa de carne épica, un buen quesito gratinado por encima, calentitos... no me dirás que no entran mejor en noviembre. No sé, es mi opinión. De todas formas, yo te dejo la receta por aquí y tú ya la haces cuando te parezca.

 NIVEL DE DIFICULTAD: ● ● ○
Tendrás que esforzarte, pero saldrás adelante.

 DURACIÓN: 60'

 **RACIONES:** 4

INGREDIENTES:

* 400 g de macarrones
* 4 dientes de ajo
* 2 cebollas
* 2 zanahorias
* 2 puerros
* 250 g de carne picada de ternera
* 150 g de carne picada de cerdo
* 1 vaso de vino tinto
* 400 g de tomate natural triturado
* Albahaca fresca (o seca si no tienes)
* Queso rallado
* Pimienta negra
* Sal
* Aceite de oliva

 **ELABORACIÓN:**

1. En una olla, haz un sofrito con el ajo, las cebollas, las zanahorias y la parte blanca de los puerros. (La parte verde la puedes guardar para hacer caldos y la receta del sofrito la tienes en la página 46).

2. Cuando toda la verdura esté lista, sube un poco el fuego y añade la carne picada.

3. Una vez que la carne esté bien dorada y haya cogido color, pero antes de que empiece a cocerse, añade el vino tinto.

4. Al cabo de un par de minutos, añade el tomate natural triturado y unas hojas de albahaca fresca picadas en tiras. Deja que el tomate empiece a hervir, baja el fuego a temperatura media-baja y cocínalo todo a fuego suave durante 30 minutos.

5. Por otro lado, cuece los macarrones. Cocer pasta es tan sencillo como poner una olla bien grande con agua al fuego, echar un puñadito de sal y esperar a que empiece a hervir. Cuando hierva, añade la pasta y remuévela unos segundos para que no se pegue. Toma como referencia el tiempo de cocción que se indica en el paquete, pero no confíes al cien por cien. Ve controlando si ya está cocida: prueba un macarrón cada cierto tiempo (cuidado no te quemes, no me seas animal). También durante la cocción ve removiendo la pasta de vez en cuando.

6. Cuando ya esté en el punto que te gusta, escúrrela.

7. Si ya tienes la salsa lista, añade los macarrones escurridos a la salsa. Si aún le queda un rato, ponles un chorro de aceite y mézclalos un poco para que no se peguen.

8. Cuando tengas los macarrones bien mezclados con la salsa, viértelos en una bandeja para horno y cúbrelos con queso rallado. A mí me gusta agregarles una mezcla de varios quesos (por ejemplo, mozzarella y parmesano), pero tú puedes ponerle el que prefieras. Coloca la bandeja en el horno, en la función de grill y a 200 °C, hasta que veas que el queso está fundido y doradito. Cada horno es un mundo y el tiempo de gratinado puede diferir entre uno y otro, pero suele ser un proceso rápido, de unos 5 minutos. Te recomiendo que estés pendiente o que te pongas un temporizador para no olvidarte y terminar chamuscándolo todo.

CLÁSICOS DE INVIERNO

Fideos a la cazuela

Podría decir mil cosas de esta receta. Creo que, de entre las recogidas en este libro, es la que más feliz te puede hacer en cuanto a su precio. También es posible que escriba aquí una receta de fideos «sesgada», porque pensar que, en la nevera, me puede estar esperando un táper de fideos a la cazuela que haya hecho mi abuelo me hace la nieta más feliz y ya estoy salivando. O quizá simplemente la apunte porque estás realmente ante la receta definitiva para el frío invierno. Solo lo sabrás si la haces. Dale.

 NIVEL DE DIFICULTAD: ● ● ○
Tendrás que esforzarte, pero saldrás adelante.

 DURACIÓN: 60'

 RACIONES: 4

INGREDIENTES:

* 400 g de fideos gruesos
* 2 cebollas medianas
* 2 dientes de ajo
* 2 tomates rallados
* 4 salchichas frescas de cerdo
* 200 g de costilla de cerdo troceada
* 1 litro de caldo de carne o pollo
* Sal y pimienta negra
* Aceite de oliva

 ELABORACIÓN:

1. En la cazuela u olla donde vayas a hacer los fideos, pon un poco de aceite y dora bien las salchichas troceadas y las costillas salpimentadas. Deben coger buen color, pero sin que la carne esté cocinada por completo.

2. Retira las salchichas y las costillas, ya doradas, y resérvalas.

3. Pon el caldo a calentar en otra olla con las costillas ya doradas dentro. Tapa la olla y deja que hierva durante 30 minutos. Hervirlo con la tapa puesta sirve para dos cosas: el caldo tendrá aún más sabor y las costillas quedarán tiernas.

4. Mientras el caldo hierve, haz un sofrito con el ajo, la cebolla y el tomate rallado.

5. Cuando el sofrito esté listo, añade a la cazuela las salchichas, las costillas ya cocidas y los fideos. Mézclalo todo bien y empieza a añadir caldo hirviendo a la cazuela. La cantidad de caldo que utilices dependerá de si quieres los fideos más secos o más caldosos; te recomiendo ir vertiéndolo poco a poco para controlar la cantidad de líquido que te quedará finalmente. El fideo tarda unos 10-15 minutos en estar cocido.

6. Cuando la pasta esté cocida, apaga el fuego y déjalo reposar todo 10 minutos. Ya lo tienes listo.

CLÁSICOS DE INVIERNO

Lentejas viudas

Si solo vas a aprender a cocinar una receta de esta sección, que sean las lentejas viudas. Veo a muy poca gente joven capaz de cocinarlas, y me aterra la idea de vivir en un mundo donde no haya un plato de lentejas en cada casa. Yo te voy a enseñar a hacerlas viudas, es decir, sin carne. Soy consciente de que mucha gente no concibe unas lentejas sin chorizo. Lo entiendo, pero no lo comparto. De todas formas, si queréis hacerlas con chorizo o morcilla, es tan sencillo como añadir las carnes antes de poner el agua o caldo.

 NIVEL DE DIFICULTAD: ● ○ ○
Asequible incluso para tu primo pequeño

 DURACIÓN: 60'

 RACIONES: 4

INGREDIENTES:

* 320 g de lentejas secas
* 1 cebolla
* 2 zanahorias
* La parte blanca de 1 puerro
* 5 dientes de ajo
* 2 cucharadas de pimentón dulce
* 4 cucharadas de tomate frito
* Agua
* Aceite de oliva
* Sal

 ELABORACIÓN:

1. Pon las lentejas en remojo unas 4 horas antes de cocinarlas.

2. Trascurrido ese tiempo, escurre las lentejas y ponlas en una olla junto con la cebolla pelada y partida por la mitad, las zanahorias peladas y el puerro. Cúbrelo todo con agua fría y pon la olla al fuego. Déjalo hervir a fuego suave hasta que las lentejas queden tiernas. No deberían tardar más de 25-30 minutos. Si ves que se están quedando sin agua, añade más agua fría.

3. Mientras las lentejas se cuecen, prepara un refrito con el ajo y el pimentón. Para hacerlo, pon aceite en una sartén, que cubra todo el fondo y añade el ajo laminado. Pon la sartén al fuego a temperatura media y deja que se cocine. El ajo tiene que dorarse, pero no quemarse. Cuando esté a punto, apaga el fuego y añade el pimentón; remuévelo unos segundos y resérvalo.

4. Cuando tengas el refrito listo y las lentejas cocidas, solo te quedará terminar de espesar el guiso. Para hacerlo, vierte el refrito en el vaso del túrmix, agrégale las verduras con las que has cocido las lentejas, el tomate frito y un cazo del caldo de las lentejas. Tritúralo todo y añádelo a la olla de las lentejas.

5. Pon la olla al fuego, deja que hierva durante 5 minutos todo junto, y ya las tienes listas.

CLÁSICOS DE INVIERNO

Potaje de vigilia

En España existen muchas recetas tradicionales de Semana Santa. Son platos que se adaptan a las restricciones propias del catolicismo durante esta época, en la que es especialmente importante la prohibición de comer carne. Aunque la mayoría de la gente ya no seguimos tales tradiciones, las recetas perduran y se siguen consumiendo muy habitualmente. El potaje de vigilia es probablemente el plato más famoso de esas fechas. Los ingredientes principales —los garbanzos y el bacalao— servían para aportar proteínas a la dieta cuando la carne quedaba fuera de juego.

 NIVEL DE DIFICULTAD: ● ● ○
Tendrás que esforzarte, pero saldrás adelante.

 DURACIÓN: 140'

 RACIONES: 6

INGREDIENTES:

* 250 g de garbanzos secos
* 200 g de bacalao desalado troceado
* 400 g de espinacas frescas
* 2 cebollas
* 3 dientes de ajo
* 3 tomates rallados
* 2 huevos
* 1 cucharada de pimentón dulce
* Aceite de oliva
* Sal
* Agua

 **ELABORACIÓN:**

1. Deja los garbanzos en remojo el día anterior.

2. Escurre los garbanzos y mételos en una olla cubiertos con agua tibia. Pon la olla al fuego y déjalos cocer a fuego bajo hasta que estén tiernos. Esto te llevará unas 2 horas, pero a partir de los 90 minutos ya deberías ir comprobando su punto de cocción. No los dejes sin agua; si ves que la olla se está quedando seca, añade un poco más de agua caliente.

86

3. Por otro lado, haz un sofrito con el ajo, la cebolla y los tomates rallados.

4. Cuando el sofrito esté listo, apaga el fuego. Añádele el pimentón y remuévelo un poco para que se cocine. Si no quieres que queden trocitos de cebolla en el sofrito, puedes triturarlo.

5. Cuando el sofrito esté listo, viértelo en la olla de los garbanzos ya cocidos. Mézclalo todo bien y deja que hierva durante 5 minutos. Añade en ese momento las espinacas y el bacalao, y déjalo hervir todo junto 5 minutos más.

6. Tradicionalmente, el potaje se sirve con huevo cocido cortado en cuartos.

CLÁSICOS DE INVIERNO

Patatas a la riojana

A esta receta le tengo especial cariño porque fue una de las primeras que me enseñaron a cocinar cuando estudiaba Gastronomía. Por eso (y porque los ingredientes que lleva son baratísimos) mi yo universitaria se hinchó a comer patatas a la riojana. Preparaba una buena olla y me guardaba táperes para la semana. La verdad es que ningún médico —y yo tampoco— recomendaría tal ingesta de patatas con chorizo, pero para disfrutarlo de vez en cuando es un plato genial.

 NIVEL DE DIFICULTAD: ● ○ ○
Asequible incluso para tu primo pequeño

 DURACIÓN: 60'

 RACIONES: 4

INGREDIENTES:

* 2 dientes de ajo
* 1 cebolla grande
* 1 chorizo para cocinar
* 2 cucharadas de carne de pimiento choricero
* 6-8 patatas medianas
* Aceite de oliva
* Sal

 ELABORACIÓN:

1. Haz un sofrito con el ajo y la cebolla. Cuando lo tengas listo, añádele el chorizo cortado en rodajas y deja que se cocine ligeramente.

2. Una vez que el chorizo haya soltado un poco de su grasa, añade la carne de pimiento choricero y las patatas chascadas al sofrito. (Por si no estás familiarizado con el término «chascar», te lo explico: pelas las patatas y, en el momento de trocearlas, haz una incisión con el cuchillo sin llegar a atravesarlas del todo y termina de separar el trozo haciendo palanca con el cuchillo, para que se parta. Así, en vez de un corte limpio sale uno irregular, lo cual ayuda a que la patata suelte más almidón y «engorde» el caldo).

3. Cubre las patatas con agua y deja que se cuezan hasta que estén blanditas. Tardarán unos 10-15 minutos.

4. Antes de que termine la cocción, prueba el guiso y añade la sal que creas necesaria.

5. Además, si ves que te ha quedado muy líquido y tú lo quieres más espeso, saca algunas patatas cocidas, machácalas, vuelve a añadirlas a la olla y deja cocer todo junto un par de minutos más.

La carne de pimiento choricero es un producto increíble para añadir a sofritos de todo tipo, ya que aporta un montón de sabor y color. La puedes encontrar en supermercados grandes, en la zona de las salsas, en la de los tomates fritos o de las especias. Como se suele usar poca cantidad y solo de vez en cuando, te recomiendo que cubras la superficie de la carne restante con aceite de oliva para que no le salga moho y que tapes bien el bote.

CLÁSICOS DE INVIERNO

Huevos al plato

Hacer los huevos al horno no es la forma más rápida, pero sí la más reconfortante. Cuando aprieta el frío, unos huevos al plato te entonan el cuerpo de una manera que una tortilla francesa nunca lograría. Lo mejor es que esta receta acepta todo tipo de variantes y puedes utilizar ingredientes que tengas en la nevera porque a los huevos todo les queda bien. Te enseño una receta básica, y tú, como siempre, ya le das el toque personal.

 NIVEL DE DIFICULTAD: ● ○ ○
Asequible incluso para tu primo pequeño

 DURACIÓN: 30'

 RACIONES: 1

INGREDIENTES:

* 1 cebolla pequeña
* 1 diente de ajo
* 1 tomate rallado
* Taquitos de jamón
* Un puñado (al gusto) de guisantes congelados
* 2 huevos
* Sal
* Aceite de oliva

 **ELABORACIÓN:**

1. Haz un sofrito con el ajo, la cebolla y el tomate rallado.

2. Añádele los taquitos de jamón y cocínalos unos segundos.

3. Pon el sofrito en un recipiente pequeño para horno (por ejemplo, en una cazuelita de barro) y añádele los guisantes. Encima del sofrito, casca los huevos con cuidado para que la yema no se rompa y ponles un poco de sal.

4. Coloca el recipiente en el horno a 180 °C unos 6 minutos, o hasta que estén tan cuajados como quieras.

Como te he dicho antes, esta receta acepta todas las variantes que le eches. Puedes añadir al sofrito tantas verduras como te apetezca o cambiar la base del plato, usando unas espinacas a la crema, por ejemplo. También puedes incluir otras carnes, como chorizo a trocitos, bacón, salchichas a trozos...

Si no tienes ningún recipiente apto para el horno, hay la opción de cascar los huevos en la sartén donde has preparado el sofrito, poner la tapa y dejarla a fuego medio unos minutos para que los huevos cuajen.

CLÁSICOS DE INVIERNO

Carrilleras de cerdo al vino tinto

Para mí, el guiso de carne por excelencia. Obviamente, siguiendo el método que te voy a explicar podrás guisar cualquier otra carne, pero las carrilleras tienen algo especial. Son jugosas, algo gelatinosas, tienen mucho sabor, y si las haces enteras con hueso, lucen muchísimo en el plato. Una carrillera (o dos, según el hambre que gastes) con mucha salsa y un poco de puré de patata o unas patatas fritas es todo lo que necesitas para pasar el mediodía de tu mejor domingo de diciembre. Y después, una siesta histórica. Como te digo, este método es aplicable a cualquier carne que quieras guisar, aunque habrá variaciones en el tiempo de cocción, ya que cada pieza necesita una cocción diferente para que quede tierna.

 NIVEL DE DIFICULTAD:
Tendrás que esforzarte, pero saldrás adelante.

 DURACIÓN: 120'

 RACIONES: 4

INGREDIENTES:

- 8 carrilleras de cerdo
- 2 zanahorias
- 2 cebollas grandes
- 8 dientes de ajo
- 2 tomates
- ½ litro de vino tinto
- Tomillo al gusto
- Romero al gusto
- Harina
- Pimienta negra
- Sal
- Aceite de oliva

 ELABORACIÓN:

1. Pon una olla con un dedo de aceite a calentar a fuego medio-alto.

2. Salpimienta las carrilleras y pásalas por harina. Sacúdelas para retirarles el exceso de harina. Ve colocándolas en la olla para que se doren; haz varias tandas para que el aceite no pierda temperatura y cada pieza quede bien dorada. Cuando hayas terminado con la última tanda, retíralas de la olla y resérvalas.

3. Trocea los tomates y resérvalos.

4. Pela el ajo, las cebollas y las zanahorias, y pícalos en trozos grandes. Mételos en la olla en la que habías marcado las carrilleras y deja que tomen color; no hace falta que las verduras queden pochadas o blandas, solo que se doren sin quemarse.

5. Después, echa los tomates troceados a la olla y deja que se cocinen 5 minutos.

6. Devuelve las carrilleras a la olla, añade tomillo y romero al gusto, vierte el vino y termina de cubrir la carne con agua si hiciera falta. Las carrilleras tienen que estar completamente cubiertas de agua pero sin que sea una sopa de carrillera; tampoco te pases.

7. Déjalo cocer todo junto 1 hora. Si ves que se está quedando sin agua, ve añadiéndole un poco más.

8. Una vez trascurrida la hora, comprueba que las carrilleras estén tiernas; deben poderse cortar con un tenedor muy fácilmente, sin usar cuchillo. Si todavía no están en este punto, deja que se cuezan el tiempo necesario. No deberían necesitar más de 1 hora y 30 minutos para estar listas.

Lo dicho, te recomiendo preparar un puré de patata o unas patatas fritas y disfrutar de este plato con alguien que esté a la altura del acontecimiento.

CLÁSICOS DE INVIERNO

Redondo de ternera al horno

Hornear una pieza grande de carne da un poco de miedo. No sabes si te estás pasando de cocción, si sigue cruda, si tendrá algo de sabor o si quedará más sosa que un pescado al vapor. Te entran los sudores porque, además, la estás haciendo un día en que esperas invitados, y sufres porque no podrás comprobar si está en su punto hasta el momento de servirla; entonces ya todo el mundo verá que, efectivamente, no tienes ni idea de asar carne. Bueno, pues vamos a intentar que el proceso sea menos traumático. Te enseño a hornear un redondo de ternera (que es jugar en modo fácil), y cuando lo tengas dominado, podrás pasar a movidas más complejas, como el aclamado solomillo Wellington. El límite te lo pones tú.

 NIVEL DE DIFICULTAD: ● ● ○
Tendrás que esforzarte, pero saldrás adelante.

  DURACIÓN: 90'

 RACIONES: 8

INGREDIENTES:

* 1 redondo de ternera (de 1,5-2 kg)
* 4 cebollas
* 3 zanahorias
* La parte blanca de 3 puerros
* 6 dientes de ajo
* ½ litro de vino tinto
* Romero y tomillo
* Pimienta negra y sal
* Aceite de oliva

 **ELABORACIÓN:**

1. Pide en la carnicería que te briden el redondo de ternera. No es obligatorio ni totalmente necesario, pero ayuda a que el redondo mantenga su forma y se cocine con más uniformidad. También te puedes animar a hacerlo tú en casa con un hilo o con una malla. Probablemente te quedará perfecto la primera vez, pero la práctica hace al maestro.

2. Haz una mezcla de romero, tomillo, sal, pimienta negra y aceite de oliva, y unta el redondo con ella. Envuélvelo en film y déjalo en la nevera hasta el día siguiente.

3. Pon una sartén grande a calentar con un poco de aceite a fuego medio-alto y dora bien el redondo por todas las caras. Retíralo y pásalo a la bandeja para horno que vayas a usar. (Lo ideal sería una bandeja un poco profunda para hornearlo con líquido y que se forme una salsa).

4. En la misma sartén en la que has marcado la carne, echa la cebolla, la zanahoria, el puerro y los ajos picados en trozos grandes y dóralos.

5. Cuando las verduras ya tengan color, añádelas a la bandeja de horno y cúbre-lo todo con el vino tinto y un vaso de agua, tapa la bandeja con papel de aluminio y hornéalo a 180 °C durante unos 45 minutos, dándole la vuelta a la carne cada 15 minutos.

6. Si tienes un termómetro de cocina, puedes medir la temperatura interna de la carne para saber en qué punto de cocción se encuentra. Si la quieres al punto (un poco rosada), no permitas que el centro de la pieza pase de los 60 °C; es el punto que te recomiendo para que no quede demasiado cruda pero tampoco seca. En cualquier caso, siempre es recomendable dejarla un poco cruda, así la puedes terminar de cocer en la salsa *a posteriori* si fuera necesario. En cambio, una carne seca tiene difícil solución.

7. Cuando hayas sacado la bandeja del horno, vierte los líquidos y las verduras en el vaso del túrmix y tritúralos bien. Si ves que la salsa queda demasiado líquida, ponla en una olla a fuego medio y deja que se cocine para que se evapore parte del agua y espese. Pruébala, ajusta punto de sal, y ya la tienes lista.

8. Deja reposar la carne unos 15 minutos antes de cortarla en lonchas y servirla con la salsa.

9. Para acompañar, se suelen usar patatas en cualquier versión, pero también queda bueno con unas verduras salteadas, como por ejemplo judías verdes, champiñones o zanahorias en rodajas.

CLÁSICOS DE INVIERNO

Espinacas a la crema

De pequeña no soportaba las espinacas. Quizá porque siempre las sentí como una comida triste, insulsa, con poca gracia. Tenía en mente la imagen de un plato con una montaña de hojas blandurrias, con un montón de líquido verdoso, amargo y sin mucho sabor. Con el tiempo he aprendido a disfrutar de esta verdura, cruda o cocinada, salteada, en ensalada, como relleno de canelones o croquetas, en lasaña... Hay muchísimas posibilidades. Las espinacas a la crema es la receta que cocinaría para alguien que estuviese en mi situación anterior, viendo las espinacas como enemigas. Imposible que no te enamores de ellas cuando veas la bandeja gratinada llegando a la mesa. ¿Qué apostamos?

 NIVEL DE DIFICULTAD: ● ○ ○
Asequible incluso para tu primo pequeño

 DURACIÓN: 40'

 RACIONES: 4

INGREDIENTES:

* 1 kg de hoja de espinacas frescas
* 50 g de mantequilla
* 50 g de harina
* ½ litro de leche
* Queso para gratinar
* Aceite de oliva
* Sal

 ELABORACIÓN:

1. Pon en una olla las espinacas con un chorro de aceite a fuego medio. Verás que rápidamente empiezan a perder agua y a menguar de tamaño. Ve removiéndolas constantemente para que se cocinen de forma uniforme. Cuando veas que las hojas ya están flácidas y han perdido mucho líquido, retíralas de la olla y pásalas a un escurridor para que terminen de echar toda el agua.

2. Por otro lado, vamos a preparar una bechamel. En la misma olla ya vaciada, añade la mantequilla; cuando se derrita, agrega la harina y cocina la mezcla durante 1 minuto, removiéndolo sin parar. En ese momento, vierte la leche caliente en varias tandas y remuévelo todo el tiempo mientras la bechamel va cogiendo consistencia. Cuando hayas terminado de echar toda la leche, déjalo cocinar todo junto durante unos 10 minutos mientras lo sigues removiendo. Trascurrido este tiempo, si ves que ya ha espesado, la tienes lista. Añádele sal y pimienta al gusto.

3. Ahora devuelve las espinacas escurridas a la olla con la bechamel y mézclalo todo bien.

4. Vierte el contenido de la olla en una bandeja de horno y ponle el queso rallado por encima (a mí me encantan con quesos fuertes, como un emmental o un parmesano).

5. Coloca la bandeja en el horno, en función de grill o con calor por arriba y sácala cuando veas que el queso está fundido y dorado.

Esta receta admite muchísimas variaciones. Algunas de ellas son mínimas, como añadirle un poco de queso azul para intensificar el sabor. O bien se puede agregar a la bechamel tacos de jamón, bacón, unas gambas troceadas… En algunas zonas de España es común añadir piñones tostados y pasas. Una de mis versiones favoritas es la que incluye un huevo. Para ello, casca un huevo encima del queso rallado antes de meter la bandeja a gratinar. El huevo se cocerá en el horno y, si tienes un poco de ojo, la yema va a quedarte crudita. Espectacular.

CLÁSICOS DE INVIERNO

Sopa de cebolla

La sopa de cebolla es un plato francés, no te lo voy a esconder. Sé que muchos de nosotros tendemos a rechazar cualquier cosa que venga del país vecino, pero hoy toca ser racionales y aceptar que cuando se ponen a cocinar, con sus mantequillas y sus quesos, les salen unas recetas buenísimas y elegantísimas. No puedes negar la evidencia. En fin, que te dejes de rollos y te hagas una sopa de cebolla, que para aplaudirle los goles a Mbappé o escuchar a David Guetta no te pones tan patriótico.

 NIVEL DE DIFICULTAD: ● ● ○
Tendrás que esforzarte, pero saldrás adelante.

 DURACIÓN: 60'

 RACIONES: 4

INGREDIENTES:

* 6 cebollas grandes
* 50 g de mantequilla
* 1 litro y ½ de caldo de carne
* 1 vaso de vino blanco seco
* Sal
* 1 barra de pan tipo baguette
* Queso rallado (tipo emmental, gouda, gruyer o una mezcla de varios)

ELABORACIÓN:

1. Pica las cebollas en tiras finas. Tan finas como puedas; cuanto mejor lo hagas, más rápido se pochará y mejor será el resultado final.

2. Pon en una olla la mantequilla y deja que se funda a fuego bajo.

3. Añade entonces la cebolla picada, sal al gusto y deja que se cocine lentamente. Remuévelo de vez en cuando, pero no lo menees todo el rato. La cebolla debe quedar muy tierna y bastante dorada, pero sin quemarse ni tostarse. Este proceso te puede llevar algo más de media hora, ten paciencia.

4. Cuando tengas la cebolla lista, añade el vino blanco a la olla, sube el fuego para que hierva y deja que el volumen reduzca hasta la mitad.

5. Añade el caldo de carne y deja que todo hierva durante 20 minutos más.

6. Por otro lado, corta la baguette en rebanadas y tuéstalas. Yo te recomiendo hacer dos rebanadas por persona. Una vez tostadas, ponles queso por encima y gratínalas en el horno hasta que el queso esté fundido y dorado.

7. Sirve la sopa en boles con un par de rebanadas de pan gratinadas encima. *Oh là là!*

Para lucirte con la familia

Llega tu cumpleaños, el de tu padre, Navidad, el aniversario de bodas de los tíos, la inauguración de tu nuevo piso (como si fuera posible comprarse un piso en esta economía) o, simplemente, un domingo de esos en que a la familia le da por reunirse. Por lo general, la responsabilidad de alimentar a todos los asistentes recae en tu abuela o en tu madre, pero, oye, ¿por qué no te animas y tomas el mando? Al fin y al cabo, un día serás tú el anfitrión de las fiestas familiares, es ley de vida, a todos nos tocará convertirnos en adultos responsables. Así que, nada, yo te recomiendo ir practicando.

Te dejo algunas recetas perfectas para cocinar en grandes cantidades y servir en el centro de la mesa. Te prometo que vas a quedar bien hasta con los suegros.

CON LA FAMILIA

Berenjenas rellenas

Empezamos por algo fácil. Esta te vale para esos domingos en los que la familia se reúne o simplemente tiene un momento para comer todos juntos, porque a veces entre semana resulta complicado. Es sencilla, pero tiene mucha presencia y será realmente difícil que a alguien no le guste, a menos que no soporte las berenjenas. En ese caso, haz lo mismo pero con calabacines.

 NIVEL DE DIFICULTAD: ● ○ ○
Asequible incluso para tu primo pequeño

 DURACIÓN: 60'

 RACIONES: 6

INGREDIENTES:

* 3 berenjenas grandes
* 250 g de carne picada de ternera (o de cerdo y ternera)
* 2 cebollas
* 3 dientes de ajo
* 6 cucharadas de tomate frito
* 50 g de mantequilla
* 50 g de harina
* ½ litro de leche
* Aceite de oliva
* Sal
* Queso rallado para gratinar

 ELABORACIÓN:

1. Corta las berenjenas horizontalmente por la mitad y, con el cuchillo, haz unos cortes en forma de rejilla en su carne sin llegar a atravesar la piel. Esto ayudará a que se asen mejor. Échales sal y un chorrito de aceite, y hornéalas a 180 °C durante 30 minutos aproximadamente. Ve comprobando si ya están blandas.

2. Cuando estén completamente cocinadas, sácalas del horno, déjalas enfriar un poco, y con una cuchara retira toda la carne de la berenjena para dejar solo la piel (a poder ser, sin romperla; confío en tus capacidades). Pica el interior de la berenjena a cuchillo en trozos pequeñitos.

3. Por otro lado, haz un sofrito con el ajo y la cebolla. Cuando esté listo, añade la carne picada, sube un poco el fuego y deja que tome color. Échale ahora el tomate frito y la carne de la berenjena, y mézclalo todo bien. Ya tienes el relleno listo.

4. Para hacer la bechamel, el proceso es el siguiente: pon en una ollita la mantequilla y deja que se derrita a fuego medio. Añade la harina y remuévelo durante unos 5 minutos para que se cocine y pierda el sabor a crudo pero sin dejar que se tueste; tiene que seguir estando blanquecina. En ese momento, cuando la harina ya se haya cocinado un poco, vierte la leche caliente lentamente en la ollita mientras lo vas removiendo para que no se formen grumos. Cuando hayas echado toda la leche, deja que se cocine todo 6-8 minutos, hasta que haya espesado. Remuévelo todo el rato para que no se te pegue al fondo. Si cuando la tienes terminada ves que está muy grumosa, bátela un poco con el túrmix, pero no le digas a nadie que te lo he dicho yo.

5. Ya solo te queda montar el plato. Rellena las pieles de las berenjenas con el mejunje de carne picada, ponle bechamel por encima y corónalo con queso rallado. Gratina las berenjenas en el horno, en modo grill a 200 ºC, durante unos 5 minutos o hasta que el queso esté fundido.

6. Sírvelas en la bandeja de horno en el centro de la mesa para que ganen presencia. Con las cantidades indicadas en esta receta, te sale a media berenjena por persona (más que suficiente), pero si sabes que alguno de tus invitados es de buen comer, cuenta con una berenjena entera para él o ella.

Puedes cambiar la carne picada por atún en conserva bien escurrido o incluso por soja texturizada. Adáptate a los gustos de los comensales.

CON LA FAMILIA

Arroz caldoso de bogavante

Si consigues masterizar esta receta, sucederán dos cosas, una buena y una mala. La buena es que quedarás como un auténtico chef. Vas a recibir aplausos, alabanzas, todo el mundo subirá tu arroz a sus historias de Instagram y la gente sabrá lo épico que es comer en tu casa. La mala es que, a partir de ahí, siempre te tocará cocinar a ti. Tú decides si quieres arriesgarte o no. No te voy a mentir, hacer un arroz nunca es fácil. Debes clavar el sofrito, el caldo y el punto del arroz. Para elaborar el sofrito y el caldo, tienes las indicaciones en las páginas anteriores (46 y 42). Para encontrar el punto del arroz, es importante que te concentres y prestes toda tu atención al cocinado. No te presiono más, vamos a darle.

 NIVEL DE DIFICULTAD: ● ● ●
Nivel abuelas y otros expertos

 DURACIÓN: 90'

 RACIONES: 6

INGREDIENTES:

* 500 g de arroz redondo
* 2 bogavantes
* Gambas (opcional)
* 3 cebollas grandes
* 4 dientes de ajo
* 3 tomates rallados
* 1 cucharadita de pimentón dulce
* 2 cucharadas de carne de ñora
* ½ vaso de brandi
* 2 litros de caldo de pescado
* Sal y aceite de oliva

 ELABORACIÓN:

1. Los bogavantes se pueden comprar vivos o congelados. Si te da mucho apuro matarlos, elige la segunda opción. En cualquier caso, el procedimiento es el mismo. Primero hay que abrir la cabeza del animal por la mitad a lo largo. Pon la punta del cuchillo en la unión de la cabeza y el cuerpo, y bájalo cortando por el medio de los ojos (y si has optado por el bogavante vivo, sujeta el cuerpo con la ayuda de un trapo para que no se te escurra). Cuando hayas hecho ese corte, separa

la cabeza del cuerpo cortando por la hendidura de la unión. Después, corta la cola en trozos iguales, separándolo por las uniones que hay entre las partes. Separa también las pinzas de la cabeza.

2. Sala las piezas del bogavante por donde asoma la carne y dóralas con un poco de aceite en la olla donde cocinarás el arroz. Solo tienen que estar unos segundos a fuego fuerte, hasta que se vuelvan más anaranjado. Retira las piezas.

3. En esa misma olla, con un chorro de aceite, haz un sofrito con el ajo, la cebolla y los tomates. Cuando lo tengas listo, añádele el pimentón y la carne de ñora, y cocínalo 30 segundos. Vierte el brandi y deja que hierva 2 minutos.

4. Echa el arroz a la olla, remuévelo todo junto durante 1 minuto y agrégale el caldo caliente. Sube el fuego para que empiece a hervir (el arroz tardará unos 15 minutos en estar cocido). Cuando lleve 10 minutos hirviendo, añade la cabeza y las pinzas del bogavante. Dos o 3 minutos después, añade las partes de la cola. Trascurridos los 15 minutos iniciales, asegúrate de que el arroz está en su punto, apaga el fuego y déjalo reposar 5 minutos antes de servirlo.

5. Lleva la olla a la mesa para que tus comensales empiecen a salivar, y ve sirviendo a cada uno su ración.

Como te he dicho al principio, en esta receta el caldo y el sofrito son muy importantes. Asegúrate de que estén en su punto de sal para evitar que el resultado final sea insulso. Te recomiendo usar caldo de marisco porque me parece que le da mejor color y sabor que el de pescado; si lo haces así y usas cáscaras de gambas, puedes añadir los cuerpos de la gamba al arroz al mismo tiempo que añades la cola del bogavante.

CON LA FAMILIA

Lasaña

Una de mis comidas favoritas, sin ninguna duda. Le gusta a tooodo el mundo y, aunque es laboriosa de cocinar, no es difícil. Te vale para el cumple de tu abuela, pero también para el de tu sobrino pequeño. A los dos les va a hacer muchísima ilusión. Te da el mismo trabajo prepararla para cuatro que para ocho personas, así que yo aprovecharía y haría una cantidad importante. Si sobra mucha, la puedes congelar por raciones y tendrás algunos táperes para llevarte a la uni o al trabajo, o para cenar una noche que llegues con hambre y no te apetezca cocinar.

NIVEL DE DIFICULTAD: ● ● ○
Tendrás que esforzarte, pero saldrás adelante.

DURACIÓN: 90'

RACIONES: 6

INGREDIENTES:

* 2 cebollas
* La parte blanca de 2 puerros
* 2 zanahorias
* 4 dientes de ajo
* 400 g de ternera picada
* 300 g de cerdo picado
* Romero
* Tomillo
* Pimienta negra
* Sal
* 1 vaso de vino tinto
* 250 g de salsa de tomate
* 100 g de harina
* 100 g de mantequilla
* 1 litro de leche
* 1 paquete de placas de lasaña
* Queso para gratinar

ELABORACIÓN:

1. Haz un sofrito con el ajo, la cebolla, el puerro y la zanahoria.

2. Cuando lo tengas listo, añade las carnes picadas, sube el fuego y deja que se doren bien. Añade también el romero y el tomillo. Cuando las carnes tomen color, viérteles el vino y déjalo todo hervir unos 2 minutos.

3. Añade entonces la salsa de tomate, y deja que se cocine todo junto durante 5-10 minutos. Ajusta el punto de sal y de pimienta, y ya tienes el relleno hecho.

4. Haz la bechamel de la forma en que te lo explico en la receta de las berenjenas rellenas (página 104).

5. Cuando vayas al súper, verás que hay dos tipos de placa de lasaña: las que vienen ya listas para meter directamente en el horno y las que tienes que cocer en agua previamente. Fíjate bien en las instrucciones de la caja para no liarla, y síguelas al preparar las placas.

6. Para montar la lasaña, coloca una base de bechamel en el fondo de la bandeja de horno, así no se te pegará la pasta. Pon luego una capa de placas (cocidas o crudas, según las que hayas comprado), una buena capa de relleno, otra capa de pasta, otra de relleno, y así hasta que hayas hecho la cantidad de capas que consideres oportunas o hasta que te quedes sin relleno. Termina con una capa de pasta; añádele mucha bechamel encima y, por último, el queso rallado.

7. Para hornear, fíjate de nuevo en las instrucciones de la caja de placa de lasaña. Si no se especifica el horneado, te recomiendo hornearlo todo a 200 ºC durante unos 10 minutos y, si fuera necesario, hornearla unos minutos más en la función de grill para terminar de gratinar el queso.

CON LA FAMILIA

Tallarines de mi abuela

A veces uno tiene que alimentar a mucha gente y el presupuesto es ajustado. Pero oye, que no pasa nada. No hace falta gastarse mucho dinero para dejar a la gente feliz y alimentada, créeme. Mi abuela hacía este plato muy a menudo cuando los nietos éramos pequeños y todos guardamos un muy buen recuerdo. Los he llamado los tallarines de mi abuela porque creo que la receta la inventó ella. O quizá se la copió a Arguiñano cambiando un par de cosas, todo puede ser. Además, tallarines con berenjena y champiñones me parece un nombre tristísimo.

NIVEL DE DIFICULTAD: ● ○ ○
Asequible incluso para tu primo pequeño

 DURACIÓN: 60'

 RACIONES: 6

INGREDIENTES:

* 600 g de tallarines
* 400 g de champiñones frescos
* 200 g de bacón en lonchas
* 400 g de nata líquida para cocinar
* 2 berenjenas
* Queso rallado
* Aceite de oliva
* Sal

 ELABORACIÓN:

1. Lamina los champiñones sin que te queden muy gruesos, y ponlos en una sartén con un chorrito de aceite a fuego medio fuerte para que se cocinen bien. Tienen que perder mucha agua, así que tardarán un ratito; cuando ya no suelten agua y se empiecen a dorar, estarán listos. Retíralos de la sartén y resérvalos.

2. Pica el bacón en tiras finas y ponlo en esa misma sartén; no hace falta que le añadas aceite, porque se va a freír en su propia grasa. Cocínalo a fuego medio hasta que esté crujiente. Entonces, añade de nuevo los champiñones a la sartén y vierte también la nata líquida. Sube el fuego un poco para que la nata empiece a hervir suavemente y durante 5 minutos. Prueba el punto de sal y ajústalo si fuera necesario. Apaga el fuego y resérvalo.

3. Lamina las berenjenas horizontalmente para que te queden láminas largas y finas, de medio centímetro aproximadamente. Pon aceite en otra sartén a fuego medio y pasa la berenjena por ambas caras hasta que quede blandita y dorada. Tendrás que hacerlo en varias tandas.

4. Cuece los tallarines en abundante agua y cuélalos. Déjalos al dente, porque al hornearlos se van a cocer un poquito más. Mézclalos bien con la salsa de champiñones y bacón.

5. En una bandeja para horno vierte los tallarines con la salsa. Encima coloca una capa de berenjena a la plancha y cúbrela con queso rallado. Hornéalo en la función de grill o a 200 °C hasta que el queso esté fundido y dorado.

CON LA FAMILIA

Costillar asado

Te recomiendo hacer este plato cuando los invitados sean de mucha confianza. Es la única manera de disfrutarlo como se debe, comiendo con las manos y chuperreteando los huesos hasta dejarlos sin un gramo de carne. No es una receta que haría yo para conocer a mis suegros por primera vez, por ejemplo. Cocinar un costillar y que quede taaan tierno que el hueso se separe de la carne tirando solo un poquito de él es muy fácil, aunque realmente requiere bastante tiempo de horneado. Puedes prepararlo el día anterior y conservarlo bien para que no se seque o madrugar un poquito y comerlo ese mismo día. En cualquiera de los casos, el resultado es igual de épico.

 NIVEL DE DIFICULTAD: ● ○ ○
Asequible incluso para tu primo pequeño

 DURACIÓN: 200'

 **RACIONES: 6**

INGREDIENTES:

* 2 costillares de cerdo
* 2 naranjas
* 2 cucharadas de miel
* 2 cucharadas de kétchup
* 2 cucharadas de mostaza
* Aceite de oliva
* Sal
* Pimienta

 ELABORACIÓN:

1. Retira la telilla que hay en la parte trasera de los costillares. Verás que lo puedes hacer fácilmente con los dedos. Simplemente coloca un dedo entre la telilla y la carne de la costilla y empieza a separar tirando hacia arriba. El resto irá saliendo de la misma forma.

2. Salpimienta las costillas por ambos lados y envuélvelas bien en papel de aluminio. Es muy importante que no quede ningún trozo sin cubrir, así que usa todo el papel que sea necesario. Ponlas en una bandeja de horno y ásalas a 140 ºC durante 3 horas. Sí, es un montón, ya te había avisado. Pero tú confía en el proceso.

3. Para la salsa, mezcla en un bolecito el zumo de las naranjas, la miel, el kétchup y la mostaza y resérvalo.

4. Cuando haya trascurrido ese tiempo, saca del horno la bandeja y, tras dejarlo enfriar un poco para no abrasarte, retira con cuidado el papel de aluminio de los costillares. Ponlos en la bandeja de nuevo y úntalos bien con la salsa que has hecho, sin dejar ni una gota de salsa en el bol. Hornea el costillar nuevamente, esta vez a 200 °C durante 20 minutos. Te quedará tierno, dorado, medio pegajoso, sabroso... en fin, todo lo que te diga es poco.

Cuando prepares este tipo de recetas en que el horno está tanto tiempo en marcha, te recomiendo que aproveches para cocer ahí mismo verduras o cualquier cosa que te apetezca. Así aprovechas la energía y, ya de paso, te sacas una guarnición buenísima para las costillas.

CON LA FAMILIA

Cocido madrileño

En España, si algo hay, son cocidos. Cada región tiene el suyo, con sus peculiaridades, ingredientes tradicionales y forma característica de servirse. Al fin y al cabo, es lógico que en cada zona se usara lo que había a mano —tanto en carnes como en hortalizas— para echarlo a una olla, cocerlo y pasar mejor los meses fríos. Si he elegido la receta del cocido madrileño y no la del cocido maragato, el caldo gallego o la escudella no es porque sea mejor, sino porque es la que más aprecio. Aunque soy catalana, viví unos añitos en la Comunidad de Madrid y el cocido se convirtió en algo parecido a una obsesión. Casi deseaba que llegara el frío para poder comerlo. Como siempre digo, te presento una receta específica. Tú puedes moldearla a tu gusto, cambiar o añadir ingredientes. En ese caso, quizá dejará de ser un cocido madrileño al uso, pero se convertirá en tu versión. Tranquilo, que no vendrá la policía del cocido madrileño a detenerte.

 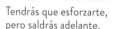 NIVEL DE DIFICULTAD: ● ● ○
Tendrás que esforzarte, pero saldrás adelante.

 DURACIÓN: 180'

 RACIONES: 6

INGREDIENTES:

- 250 g de garbanzos secos
- 400 g de ternera en un taco (morcillo, pero vale cualquier carne apta para guisar)
- 250 g de tocino de cerdo en un trozo
- 2 huesos de rodilla de ternera
- 2 huesos de tuétano
- Dos trozos de espinazo de cerdo salado
- 250 g de jamón serrano en taco
- 2 patas de pollo o gallina
- 3 chorizos frescos
- 3 patatas medianas
- 3 zanahorias
- ½ col
- 300 g de fideos finos
- Ajo (opcional)
- Pimentón (opcional)

 ELABORACIÓN:

1. El día anterior al cocinado, deja los garbanzos secos en remojo en mucha agua. Piensa que absorben bastante y es necesario que en ningún momento se queden sin líquido.

2. Al día siguiente, llena una olla grande con agua fría y añade dentro la ternera, el tocino, los huesos, el jamón y el pollo. Pon la olla a calentar. Mete los garbanzos remojados en una malla para legumbres (si tienes) y añádelos también a la olla; si no tienes malla, añádelos sueltos. Ve retirando la espuma que se forma en la superficie de la olla mientras se va cociendo. Tendrás que hervirlo todo durante 3 horas aproximadamente para asegurarte de que los garbanzos quedan bien cocidos. Ve comprobando la cocción una vez pasadas las 2 horas de ebullición.

3. Al cabo de 2 horas y 30 minutos de cocción, añade las patatas y las zanahorias enteras y peladas a la olla. Cuando los garbanzos, las zanahorias y las patatas estén bien cocidos, ya puedes apagar el fuego.

4. Retira y guarda las carnes, las verduras y los garbanzos, y deja el caldo en la olla.

5. Te queda hervir la col en una olla aparte hasta que esté tierna, y en otra olla hervir el chorizo durante unos 10 minutos. El chorizo lo puedes cocinar en la olla grande con el resto de las carnes 10 minutos antes de terminar la cocción, pero yo prefiero hacerlo en una olla aparte para que el caldo no tenga demasiado sabor a chorizo. Para gustos, los colores.

6. Solo te queda elaborar una sopa añadiendo fideos al caldo y dejando que hiervan durante 5 minutos.

7. Por lo general, el cocido madrileño se sirve en varios servicios conocidos como «vuelcos». Primero se come la sopa con los fideos; después, los garbanzos con las verduras, y por último, las carnes. A mí, personalmente, esto nunca me ha gustado. Soy más partidaria de llevar a la mesa la olla de la sopa, y el resto en bandejas, y que cada persona se vaya mezclando los ingredientes en el plato.

Otra cosa que me encanta es saltear la col, una vez cocida, con unos ajitos y un poco de pimentón en una sartén. Le da un toque muy bueno.

CON LA FAMILIA

Crema de marisco

A veces uno tiene que salir de su zona de confort y atreverse a hacer cosas nuevas. Tú, por ejemplo, que me estás leyendo ahora mismo, sé que no has preparado una crema de marisco en tu vida. ¿Que como lo sé? Pues porque no conozco a nadie menor de sesenta y cinco años que haga cremas de marisco, así de fácil. Ya sé que es la típica receta navideña antigua que parece no interesarle ya a nadie. Pero créeme cuando te digo que, si algo fue muy popular en algún momento, había un motivo. Pienso de verdad que esta receta os puede sorprender a ti y a tus invitados. Además, te voy a proponer una variación un poco modernilla por si te da palo quedar como un anciano.

 NIVEL DE DIFICULTAD: ● ● ○
Tendrás que esforzarte, pero saldrás adelante.

 DURACIÓN: 60'

 **RACIONES: 6**

INGREDIENTES:

* 1 kg de gamba, gambón o langostino crudo (cuanto mejor sea la calidad más buena saldrá la crema, pero es un producto caro y puedes ajustarte a tu presupuesto)
* 2 dientes de ajo
* 2 cebollas
* La parte blanca de 1 puerro
* 1 zanahoria
* 2 tomates rallados
* 1 cucharadita de pimentón dulce
* ½ vaso de brandi o vino blanco
* 1 litro y ½ de caldo de pescado o de marisco
* Nata líquida para cocinar (opcional)
* Pimienta negra y sal
* Aceite de oliva

 **ELABORACIÓN:**

1. Pela las gambas o el marisco que hayas comprado. Reserva las cabezas y las cáscaras. Los cuerpos hay que desvenarlos, es decir, retirarles el intestino. Para ello, introduce un palillo en la parte central del cuerpo justo por debajo del intestino y tira hacia arriba con mucho cuidado. De esta forma, todo el intestino saldrá de una. Si el método no te convence, haz una pequeña incisión a lo largo del lomo del animal con el cuchillo, de tal forma que el intestino quede al descubierto y lo puedas retirar.

2. En una olla con aceite y a fuego medio, pon a dorar los dientes de ajo pelados pero enteros, y el puerro, la cebolla y la zanahoria pelados y picados en trozos medianos. Cuando tengan ya bastante color, añade las cáscaras y cabezas de las gambas. Tienen que dorarse; además, las cabezas deben soltar sus jugos, así que apriétalas un poco mientras se cocinan. Pasados 5 minutos, añade la mitad de los cuerpos y reserva la otra mitad.

3. Unos 2 minutos después, añade los tomates rallados y déjalo cocinar 5 minutos más. Echa en la olla la cucharadita de pimentón, remuévelo para que se cocine un poco, y agrega enseguida el brandi o el vino. Deja que hierva unos 2 minutos y cúbrelo todo con el caldo de pescado o marisco. Tiene que hervir todo junto durante 20 minutos.

4. Una vez trascurrido ese tiempo, tritúralo todo muy bien con un túrmix o, preferiblemente, con un robot de cocina. Luego, cuélalo con un colador chino. Es muy importante que quede perfectamente colado.

5. Devuelve la crema colada a la olla y añade nata líquida a tu gusto. Este paso no es totalmente necesario, pero la nata ayudará a que la textura de la crema sea más suave y cremosa. Prueba también si está al punto de sal y añade más si fuera necesario. La crema está lista.

6. Vamos ahora con los cuerpos de gamba que habías reservado. Lo típico es salpimentarlos, cocinarlos en el último momento en una sartén con aceite y servirlos dentro de la crema. Me gusta, pero no me apasiona. Te propongo que piques los cuerpos a cuchillo, tan finos como puedas, y los aliñes en un bol con aceite, sal y pimienta negra. Pon también un poooco de alguna salsa picante si te gusta, o un poco de zumo de limón. Mézclalo todo bien y sírvelo encima de unas tostaditas de pan bien crujientes.

7. A la hora de presentar, coloca una o dos tostaditas de tartar en un platito para cada comensal y sirve la crema en platos hondos. La idea es ir alternando bocados de una cosa y otra para apreciar los contrastes.

CON LA FAMILIA

Pollo a la catalana

Este plato es, definitivamente, el que ha marcado mi infancia. Probablemente, una de las comidas que despertó mi interés por la cocina y, por consiguiente, una de las culpables de que hoy esté escribiendo este libro y de que tú lo estés leyendo. Épico. El pollo a la catalana es lo que se ha comido toda la vida en mi casa en Navidad. Lo más especial de este tipo de platos es que te pasas el año esperando volver a comerlos, porque sabes que hasta diciembre no lo verás más. Obviamente, lo cocinaba mi abuela y a mí me gusta hacerlo al menos una vez al año para no perder la costumbre. Esta es la única receta de mi abuela que guardo escrita. La escribí mientras la cocinaba con ella y, aunque algunos detalles ya se le empezaban a olvidar, creo que conseguí captar la esencia del plato. En su día colgué la receta en Instagram y ahora la dejo escrita en este libro con la intención de que el legado del pollo a la catalana de mi abuela siga tanto en mi familia como en las vuestras.

 NIVEL DE DIFICULTAD: ● ● ○
Tendrás que esforzarte, pero saldrás adelante.

 DURACIÓN: 90'

 RACIONES: 8

INGREDIENTES:

* 2 pollos troceados (para guiso)
* 4 cebollas grandes
* 2 cabezas de ajo
* 600 g de fruta deshidratada (dátiles, orejones, ciruelas...)
* 1 vaso de brandi
* 100 g de piñones
* 3 vasos de agua
* Aceite de oliva
* Rebanadas de pan
* Sal

 **ELABORACIÓN:**

1. En una cazuela grande, pon un dedo de aceite a calentar a fuego medio. Añade el pollo troceado, las cebollas peladas y cortadas en cuartos, y las cabezas de ajo enteras cortadas por la mitad.

2. Deja que el pollo y la cebolla se cocinen durante un buen tiempo a fuego suave. El pollo debe quedar dorado y la cebolla bien pochada. Este proceso te puede llevar unos 30-40 minutos. No lo tienes que remover constantemente, pero sí de vez en cuando.

3. Cuando esté listo, añade los piñones y cocínalos un par de minutos. Agrega después las frutas deshidratadas y el brandi. Deja hervir el licor unos 2 minutos, añade los tres vasos de agua y deja que se cocine todo durante 30 minutos.

4. Pasado ese tiempo, el pollo estará supertierno y te habrá quedado una salsita dulce que sabe a gloria. Prepara unas rebanadas de pan para mojar, y al lío.

CON LA FAMILIA

Merluza en salsa verde

Cocinar un pescado en salsa siempre queda muy bien. Para la gente que no sabe hacerlo, parece algo complicadísimo y muy elaborado, pero la verdad es que resulta más fácil que preparar un guiso de carne, al menos en mi opinión. Los tiempos de cocción son mucho más cortos y, aunque el pescado es un producto delicado, muy mal te tiene que salir para que no quede, al menos, comestible. Si no me crees, haz esta receta y luego me cuentas.

 Nivel de dificultad: ● ○ ○
Asequible incluso para tu primo pequeño

 Duración: 40'

 Raciones: 6

Ingredientes:

* 6-8 porciones de lomo de merluza
* 4 dientes de ajo
* 3 cucharadas de aceite de oliva
* 1 cucharada de harina
* ½ vaso de vino blanco
* 400 g de caldo de pescado
* 1 manojo de perejil
* Un puñado de almejas
* Pimienta y sal

 Elaboración:

1. Pon el aceite a calentar en una cazuela y añade el ajo picado muy finito. Deja que coja color a fuego medio y añade la harina. Remueve la harina y cocínala unos 2 minutos para que pierda el sabor a crudo.

2. Vierte entonces el vino blanco, déjalo cocinar 1 minuto y echa el caldo caliente en dos tandas o tres, removiéndolo constantemente para que la harina se disuelva bien y la salsa no quede grumosa. Déjalo cocer unos minutos más hasta que vaya espesando y tenga consistencia de salsa.

3. Mientras la salsa espesa, ve separando las hojas del tallo del perejil. Tiene que haber bastante cantidad de perejil para que la salsa quede verde. Junta todas las hojas y pícalas con el cuchillo, ve pasándolo sobre el montón de hojas varias veces e intenta cortarlas sin aplastarlas.

4. Añade a la salsa el perejil picado y los trozos de merluza salpimentados, y déjalos cocer 5 minutos.
5. Entonces, echa las almejas, tapa la cazuela y deja cocer la mezcla unos 2 minutos más o hasta que las almejas estén abiertas. Ya lo tienes. Está *chupao*.

Si has comprado las almejas frescas (que espero que sí), antes de cocinarlas deberías asegurarte de que no tienen arena. Para sacársela, prepara una solución de agua con sal, en la proporción de un litro de agua por dos cucharadas de sal. Mézclalo muy bien y pon las almejas dentro durante 1 hora. Si ves alguna almeja con la concha rota, tírala directamente. Pasada la hora, verás que en el fondo del bol ha quedado la arena que las almejas han ido soltando. Lávalas bien y, si quieres, repite el proceso para asegurarte de que quedan completamente libres de arena. Ya están listas para cocinarlas.

CON LA FAMILIA

Zarzuela de mariscos

El plato de los platos. Vamos a decir las cosas como son: no es barato, no es fácil de hacer, requiere mucho tiempo y paciencia y, además, es posible que la primera vez que lo prepares no te quede especialmente bueno. Y tú pensaras: «Coño, Carla, entonces para qué me pones esta receta aquí, si todo es tan malo?». Pues porque las mejores cosas en la vida no son precisamente las fáciles. Y sí, es posible que al mediodía termines cansado, con las manos oliendo a cebolla y pescado y con la ropa llena de manchas, pero la satisfacción y el orgullo que sentirás al ver a tu familia disfrutando de la comida va a compensarlo todo. Créeme.

 NIVEL DE DIFICULTAD: ● ● ●
Nivel abuelas y otros expertos

 DURACIÓN: 90'

 RACIONES: 6

INGREDIENTES:

* 6-8 porciones de lomo de merluza
* 6-8 porciones de rape
* 6-8 gambas o gambones
* 1 calamar
* Un puñado de almejas
* Un puñado de mejillones
* 4 dientes de ajo
* 3 cebollas
* 4 tomates rallados
* 1 vaso de vino blanco
* ½ vaso de brandi
* 1 litro de caldo de pescado

PARA LA PICADA:

* 1 manojo de perejil
* Un puñado de almendras tostadas
* 1 diente de ajo
* Sal
* Pimienta negra
* Aceite de oliva
* Harina

 ELABORACIÓN:

1. En una cazuela grande, pon un chorro generoso de aceite de oliva a calentar. Cuando esté caliente, dora las gambas 30 segundos por cada lado y resérvalas.

2. Salpimienta la merluza y el rape y pásalos por harina. Pon el pescado a dorar en el aceite caliente. No lo eches todo de golpe, para que el aceite no se enfríe y los trozos queden bien dorados. Ve retirándolo y resérvalo.

3. En ese mismo aceite, haz un sofrito con el ajo, la cebolla y el tomate rallado; no tengas prisa, es muy importante que quede bien. Cuando lo tengas hecho, añádele el calamar cortado en anillas. Deja que se cocine todo junto durante unos 2 minutos.

4. Una vez que tengas el sofrito con los calamares listo, añade el brandi y flambéalo. Para flambear, sube el fuego para que el brandi hierva rápido y acerca el mechero al líquido tanto como puedas. No tengas miedo a las llamas, solo durarán unos segundos. Si se te descontrola el fuego, ponle un paño de cocina encima para que se apague.

5. Cuando hayas flambeado, incorpora el vino y deja que hierva 1 minuto. Añade a la cazuela el pescado dorado de nuevo y cúbrelo con caldo de pescado. Quizá no necesites el litro entero, el pescado debe quedar cubierto por el caldo, pero no flotando en él. Deja que hierva todo durante 10 minutos.

6. Mientras el conjunto hierve, haz la picada echando en un mortero los ingredientes y machacando hasta conseguir una pastita. Luego añádela a la cazuela y mézclala bien con el resto de los ingredientes. Añade también los mejillones y las almejas (te he enseñado a limpiarlas en la receta de la merluza en salsa verde, de la página 121).

7. Tapa la cazuela y deja que hierva hasta que los moluscos se abran. ¡Y ya lo tendríamos!

La verdad es que, después de escribirla, no me parece tan difícil como te he dicho al principio, ¿no? Bueno no sé, tú la haces y ya me cuentas cómo te ha quedado.

Para una cena con amigos

Invitar a tus amigos a cenar y poner en la mesa algo que no sean pizzas precocinadas y chips es un síntoma inequívoco de que te estás haciendo mayor y responsable. Si todavía no has llegado a ese punto, déjame que te ayude con estas recetas. Todas ellas son recetas pensadas para compartir en el centro de la mesa y montar una cena de picoteo. Creo que es el mejor sistema para este tipo de reuniones, porque, al haber varios platos, te aseguras de que la comida sea apta para todos los gustos. Además, es mucho más divertido que comer cada uno de su plato y te da a ti la oportunidad de lucirte preparando varias recetas.

Te recomiendo que, para que no te estreses cocinando, combines alguna de estas recetas con cosas que puedas tener preparadas fácilmente y con antelación, como tablas de embutidos y quesos. De esta manera, dedicas tiempo y amor a los platos que vayas a cocinar en vez de terminar la tarde con ganas de no invitar nunca más a nadie a cenar. Todo dicho, *vamo'* al lío.

CENA CON AMIGOS

Escalivada

Te voy a contar un secreto: no soporto el pimiento rojo. Por si no te has dado cuenta, de momento no he escrito una sola receta que necesite este ingrediente, y tenía pensado seguir así hasta el final del libro. Pero he estado reflexionando y, al fin y al cabo, las recetas que publico son para ti, no para mí. Por eso te dejo aquí la receta de la escalivada, porque creo que es un recetón y soy consciente de que a la mayoría de los seres humanos les encanta. De hecho, desearía que mis papilas gustativas me dieran tregua y toleraran de una vez el pimiento para poder comerla, porque el aspecto final y el olor de las verduras asándose me flipa. En fin, una pena. En cualquier caso, espero que tú y tus amigos sí que podáis disfrutarla.

 NIVEL DE DIFICULTAD: ● ○ ○
Asequible incluso para tu primo pequeño

 DURACIÓN: 60'

 RACIONES: 6

INGREDIENTES:

* 2 berenjenas
* 2 pimientos rojos
* 3 cebollas grandes
* Aceite de oliva
* Sal
* Anchoas en salazón (opcional)
* Atún en conserva (opcional)
* Aceitunas negras (opcional)

 ELABORACIÓN:

1. *Escalivar* significa asar verduras al fuego o en las brasas, pero como lo más probable es que no tengas fuego donde hacer tu escalivada, voy a enseñarte a prepararla en el horno. No es exactamente lo mismo, pero es como lo hace el noventa y nueve por ciento de la gente, y el resultado es también muy bueno.

2. Pon las verduras en una bandeja de horno y métela en el horno precalentado a 200 ºC. Las berenjenas estarán listas en 30 minutos aproximadamente, y los pimientos y las cebollas en unos 20 minutos más. Pincha las verduras con un cuchillo antes de sacarlas para asegurarte de que están completamente tiernas. Sácalas cuando estén listas.

3. Cuando saques las verduras del horno, tapa la bandeja con papel film. Esto ayudará a que se forme un vapor que después te facilitará el pelado. Pasados 10-15 minutos, destapa las verduras y pélalas. Al pimiento, además, retírale las semillas.

4. Ya solo te queda cortarlas todas en tiras largas y dejarlas enfriar.

5. Te recomiendo servir la escalivada en una bandeja grande, formando tres líneas, cada una con un tipo de verdura. Aliña el plato con aceite y sal y, si quieres, pon encima unas anchoas en salazón o un poco de atún en conserva. Le va muy bien también las aceitunas negras.

CENA CON AMIGOS

Garbanzos salteados con setas y gambas

Quizá este no sea el plato más popular de la noche, pero a quien le guste, le va a encantar. Es muy rápido de preparar y le da un toque distinguido al menú. Puedes hacerlo con garbanzos de bote, pero yo te recomiendo dos alternativas: la primera es, obviamente, que cuezas tú los garbanzos; pero no nos engañemos, tú y yo sabemos que es bastante improbable que suceda, y además hemos quedado en que te iba a enseñar a cocinar platos que no te tuvieran esclavizado en la cocina todo el día. La segunda (y, en mi opinión, la mejor) es que compres legumbres cocidas en una tienda de comida preparada. Quizá tengas una de ellas cerca y ni siquiera te hayas dado cuenta. Por ejemplo, cerca de mi casa hay una frutería que vende garbanzos ya cocidos por ellos mismos. Os aseguro que le dan mil vueltas al noventa por ciento de las conservas del súper.

 NIVEL DE DIFICULTAD: ● ○ ○
Asequible incluso para tu primo pequeño

 DURACIÓN: 20'

 RACIONES: 6

INGREDIENTES:

* ½ kg de garbanzos cocidos
* 300 g de setas a tu elección (en otoño tendrás muchas opciones, en otras épocas elige champiñones o shiitake)
* 12 gambas grandes o gambones
* 3 dientes de ajo
* Pimienta negra y sal
* Aceite de oliva
* Perejil

 **ELABORACIÓN:**

1. En una sartén con aceite a fuego medio-fuerte, cocina las gambas 15 segundos por cada lado para que se doren un poco. Sácalas y resérvalas.

2. Pica el ajo en láminas finitas. Échalo en la misma sartén en la que has cocinado las gambas y cocínalo a temperatura media. Deja que empiece a tomar color poco a poco y cuando esté dorado añade las setas. (Si has elegido setas pequeñas —por ejemplo, trompetas de la muerte—, añádelas enteras. Si son más grandes —como níscalos—, pícalas en cuartos).

3. Deja que se cocinen a fuego vivo unos 5 minutos para que pierdan el agua y entonces añade las gambas y los garbanzos cocidos.

4. Cocínalo todo junto unos 2 minutos, ajusta el punto de sal y pimienta, y ya lo tendrías listo.

5. Para que te termine de quedar un plato bien chulo, añade un poco de perejil picado por encima a la hora de servir.

CENA CON AMIGOS

Berenjenas con miel

Lo único malo de este plato es que tendrás que terminarlo en el último momento. Por lo demás, es perfecto para un picapica: original, muy rico y, encima, es una buena forma de añadir algún plato para tu amiga la vegetariana. Todo ventajas.

 NIVEL DE DIFICULTAD: ● ○ ○
Asequible incluso para tu primo pequeño

 DURACIÓN: 60'

 RACIONES: 6

INGREDIENTES:

* 2 berenjenas
* Un poco de cerveza
* Un poco de harina de trigo
* Sal
* Aceite de girasol o de oliva
* Un chorrito de miel

 ELABORACIÓN:

1. Lava bien las berenjenas y córtalas primero en rodajas horizontales para luego cortarlas en bastones. Intenta que todos tengan el mismo grosor y tamaño. Cuando los tengas, sumérgelos en cerveza fría durante 30 minutos.

2. Una vez trascurrido ese tiempo, retira los bastones y colócalos sobre papel absorbente bien separaditos. Pon más papel absorbente encima y déjalos ahí 10 minutos para que se sequen bien.

3. En el momento de servir, pasa los bastones por harina, sacúdelos para retirarles el exceso y ponlos a freír en aceite bien caliente. La berenjena se cocina muy rápidamente, retírala en cuanto tenga color dorado. Colócalas de nuevo sobre papel absorbente.

4. Sirve los bastoncitos en un plato con un hilo de miel por encima.

CENA CON AMIGOS

Salchichas al vino

Las salchichas al vino son casi tan ricas como las albóndigas con tomate y mucho más fáciles de hacer. Si las sirves con mucha cebollita y un buen puré de patata, pueden convertirse en el plato estrella de la noche, y la elaboración no te habrá dado ningún dolor de cabeza. Eso sí, no me seas rata y compra salchichas frescas de buena calidad, que el resultado depende en gran medida de ello.

 Nivel de dificultad: ● ○ ○
Asequible incluso para tu primo pequeño

 Duración: 60'

 Raciones: 6

Ingredientes:

* 18 salchichas frescas
* 4 cebollas grandes
* 5 dientes de ajo
* 3 vasos de vino blanco
* Sal
* Aceite de oliva
* Romero
* Sal

Para el puré:

* 900 g de patata
* 60 g de mantequilla
* Pimienta
* Sal

 Elaboración:

1. Pica la cebolla en tiras finas, y el ajo en láminas. Ponlos en una sartén con un buen chorro de aceite y déjalos cocinar a fuego medio hasta que la cebolla esté bien pochada, blanda y doradita.

2. Echa entonces las salchichas, sube un poco el fuego y deja que cojan algo de color. En ese momento, añade el vino blanco, romero y tomillo, y déjalo hervir hasta que el vino se haya evaporado casi por completo.

3. Para hacer un puré, pela y corta las patatas en cubos y cuece en una olla con agua hirviendo hasta que estén blandas (tardarán unos 15 minutos). Pásalas luego por pasapurés, o tritura con robot de cocina, y añade la mantequilla, la sal y la pimienta al gusto.

4. Sirve el puré en un plato con las salchichas con cebolla por encima. De locos.

CENA CON AMIGOS

Mejillones a la marinera

Durante un montón de años, juré que no me gustaban los mejillones. Los veía y sentía un asco que no veas. Y de pronto, hace un par de años, decidí darles una oportunidad. Y resulta que me encantaron; yo qué sé, cosas de la vida. Resulta que el rechazo que sentía por los mejillones era «culpa» de mi madre, que nunca los ha soportado y me lo contagió. Moraleja: en esta vida hay que probarlo todo, nunca sabes si tu comida favorita es esa que odiabas de pequeño sin ningún motivo. Como las lentejas, las espinacas o los mejillones.

 NIVEL DE DIFICULTAD: ● ● ○
Tendrás que esforzarte, pero saldrás adelante.

 DURACIÓN: 45'

 RACIONES: 6

INGREDIENTES:

* 2 kg de mejillones
* 2 cebollas medianas
* 3 dientes de ajo
* 2 cucharadas de pimentón dulce
* 1 cucharadita de pimentón picante (opcional)
* 1 vaso de vino blanco
* 1 cucharada de harina
* Aceite de oliva
* Sal
* Perejil

 ELABORACIÓN:

1. Limpia primero los mejillones. Para ello, ponlos en un colador bajo un chorro de agua fría para retirarles la arenilla y la suciedad superficial. Después, retírales las barbas (esos hilos que les cuelgan). Puedes hacerlo con la mano o con la ayuda de un cuchillo, tirando de ellos hasta que los arranques. Si ves que las conchas están muy sucias, las puedes raspar un poco y volver a pasarlos por agua.

2. Para cocerlos, vierte un par de vasos de agua con un poco de sal en una cazuela amplia y echa los mejillones dentro. Pon la cazuela tapada a calentar y deja que hierva hasta que los mejillones se hayan abierto; tardan unos pocos minutos. En cuanto se abran, retira la cazuela del fuego.

3. Saca los mejillones de la cazuela y cuela el líquido que ha quedado dentro, que lo usarás luego. Si algún mejillón no se ha abierto, descártalo.

4. En otra olla, haz un sofrito con el ajo y la cebolla. Cuando lo tengas listo, añádele la harina y cocínala durante 1 minuto. Después, añade el pimentón, cocínalo unos segundos y agrega el vino blanco. Deja que hierva unos 2 minutos y añade el agua que has reservado de la cazuela con los mejillones; mejor si está caliente. Remuévelo para que la harina se disuelva bien y no forme grumos, y llévalo a ebullición. Deja que hierva todo junto durante 5 minutos, echa dentro los mejillones y déjalo hervir 1 minuto más.

5. Sírvelo con un poco de perejil picado por encima, y ya.

CENA CON AMIGOS

Albóndigas en tomate

Siempre me han encantado las albóndigas caseras, pero hace unos veranos fui a Menorca y me enamoré aún más de ellas. Allí las hacen muy pequeñitas, de bocado, perfectas para tapear. Pues eso es lo que cocinaremos en esta receta. Albóndigas tiernas, chiquitillas, sabrosas y en una salsa sencilla pero épica. Eso sí, una cosa te voy a decir. Si sois muchos para cenar y te lías a montar albóndigas minúsculas, prepárate para pasarte la tarde haciendo bolitas. Si quieres evitarte esa situación, te dejo dos opciones: o lías a un amigo para que te ayude o las haces de tamaño estándar. Tú ya decides.

NIVEL DE DIFICULTAD: ● ● ○
Tendrás que esforzarte, pero saldrás adelante.

DURACIÓN: 90'

RACIONES: 6

INGREDIENTES:

* ½ kg de carne picada de ternera
* ½ kg de carne picada de cerdo
* 5 dientes de ajo
* ½ cebolla grande
* 2 huevos
* 80 g de miga de pan
* Un chorro de leche
* Perejil fresco al gusto
* Sal
* Pimienta negra
* Harina
* Aceite de oliva

PARA LA SALSA:

* 1 cebolla
* 2 dientes de ajo
* 800 g de tomate triturado natural
* Aceite de oliva
* Sal
* Azúcar

 ELABORACIÓN:

1. Pon a empapar la miga de pan con leche, que quede toda cubierta. Resérvala.

2. Para hacer la masa de las albóndigas, mezcla la carne con el ajo y la cebolla muy picaditos. Añade también perejil picado, los huevos, sal, pimienta y la miga de pan empapada en leche, pero bien escurrida. Mézclalo todo bien. Te tiene que quedar una masa con la consistencia suficiente como para hacer las bolas. Si es demasiado blanda, agrégale un poco de harina o pan rallado. Cuando la mezcla esté bien homogénea, empieza a formar las bolitas. El tamaño lo decides tú, ya te lo he explicado.

3. Una vez que tengas las bolas de carne preparadas, pasa las albóndigas por harina. Sacúdeles el exceso y ponlas a freír en una sartén con un dedo de aceite caliente. Haz varias tandas de fritura para asegurarte de que todas quedan bien doraditas. La idea es que cojan color, no hace falta que estén cocinadas por dentro. Colócalas en un plato con papel absorbente y resérvalas.

4. Para la salsa, haz un sofrito con el ajo y la cebolla. Vierte después el tomate triturado y deja que hierva durante 20 minutos. Trascurrido ese tiempo, prueba la salsa y añade sal y azúcar al gusto. Yo prefiero triturarla, pero la puedes dejar tal cual. Una vez lista, ponle las albóndigas dentro y hiérvelo todo junto durante 10 minutos.

5. Sírvelas en la propia olla, en una cazuela de barro o una bandeja bonita y deja que tus invitados se vayan sirviendo.

CENA CON AMIGOS

Calamares en su tinta

Para mí, esta es una de las mejores recetas del mundo. El aspecto no es quizá el más apetecible, pero el sabor es un espectáculo, te lo juro. Eso sí, te recomiendo que solo pongas el plato en la mesa si todos los invitados son de confianza, porque os va a teñir la boca entera de negro, y no queremos que nadie se sienta incómodo. Como guarnición, te recomiendo al cien por cien que hagas un arroz blanco. Por suerte para ti, te he enseñado a cocinarlo en otra receta (en la página 53), así que no tienes excusa.

 NIVEL DE DIFICULTAD: ● ● ○
Tendrás que esforzarte, pero saldrás adelante.

 DURACIÓN: 60'

 RACIONES: 6

INGREDIENTES:

* 2 calamares grandes
* 2 cebollas
* 4 dientes de ajo
* 2 tomates rallados
* 2 vasos de vino blanco
* 2 cucharadas de tinta de sepia o calamar
* 1 vaso de agua
* 2 hojas de laurel
* Sal
* Pimienta

 ELABORACIÓN:

1. Haz un sofrito con la cebolla y el ajo. Cuando lo tengas, añade el calamar cortado en aros. Cocínalos unos 2 minutos mientras vas removiéndolos.

2. Añade entonces el tomate rallado y cocínalo 5 minutos.

3. Después, vierte el vino y deja que hierva 2 minutos.

4. Por último, añade la tinta diluida en el vaso de agua y el laurel. Deja hervir el conjunto 20 minutos.

5. Lo dicho, sírvelos en un plato o bandeja con arroz blanco cocido al lado y deja que tus amigos le pierdan el miedo a lo desconocido al probarlos, seguramente, por primera vez (a menos que sean vascos, entonces estarán más que acostumbrados y no sorprenderás a nadie).

CENA CON AMIGOS

Tortilla rellena

Si está bien hecha, una tortilla de patatas ya es un plato más que decente para servir en una cena con amigos. Pero la verdad es que muy original no es, y yo quiero que demuestres a todo el mundo lo bien que cocinas y lo mucho que estás aprendiendo con este libro, así que vamos a darle una vuelta más. Yo te voy a explicar cómo hacer una tortilla rellena, pero dejo que seas tú quien elija qué relleno llevará. Eso sí, te anoto algunas ideas: jamón y queso tierno, sobrasada y queso de cabra, jamón serrano y chédar, espinacas y queso brie... Sí, me encanta ponerle queso. No, obviamente no es obligatorio.

 NIVEL DE DIFICULTAD: ● ● ○
Tendrás que esforzarte, pero saldrás adelante.

 DURACIÓN: 50'

 RACIONES: 6

INGREDIENTES:

* 1 kg de patatas
* 12 huevos
* 1 cebolla
* Sal
* Aceite
* Los ingredientes que quieras usar para el relleno

 ELABORACIÓN:

1. Ya has aprendido a hacer tortilla de patatas (en la página 55), así que esa parte de la explicación nos la ahorramos porque ya la tienes. Sigue los mismos pasos hasta el momento en el que tengas lista la mezcla de patatas, cebolla y huevo batido. Ten preparados también los ingredientes con los que la quieras rellenar.

2. Para cocinar esta tortilla, usaremos la misma técnica que al cocinar la tortilla de patatas normal, con una única diferencia: debes echar a la sartén la mitad de la mezcla de huevo, ponerle el relleno encima sin que llegue a tocar los bordes de la tortilla, y cubrirlo con el resto de la mezcla.

3. Deja que se cocine por cada lado el tiempo suficiente como para que se cuaje a tu gusto, y ya la tienes.

Cenas rápidas

Sé que estás cansado. Todos lo estamos. Llegas a casa después del trabajo, la uni, el *gym*, las clases de cerámica, la cerveza con los amigos... y lo último que te apetece es ponerte a cocinar la cena. Ante este drama diario, existen varias opciones. Hay quien opta por cenar cualquier mierda, pedir comida a domicilio cada noche o directamente no cenar. No recomiendo ni apoyo ninguna de las tres, para mí la comida es sagrada y nunca sabes cuál va a ser tu última cena, así que yo no andaría por ahí despreciándolas de esta forma. También hay quien hace lo que se llama *batch cooking*, es decir, dedicar un día a cocinar en cantidad y dejarse comida preparada para toda la semana. No me parece mal, pero no es un método que me funcione. Muchas veces no me apetece comer lo que tengo preparado, me hago otra cosa y acabo desperdiciando comida.

Lo que yo te propongo es aprender a cocinar recetas fáciles y rápidas, que estén buenas y que te solucionen las noches entre semana. Si con una de ellas consigo que dejes de pedir kebab alguna vez, ya me conformo.

CENAS RÁPIDAS

Ensalada de lentejas

Aunque es un plato claramente veraniego, la ensalada de legumbres te puede venir bien en cualquier ocasión. Se prepara en 10 minutos y acepta todo tipo de ingredientes y combinaciones. De hecho, te he puesto «de lentejas» por darle un nombre concreto, pero puedes usar cualquier legumbre cocida, quinoa, arroz, pasta... en fin, tú ya me entiendes.

 NIVEL DE DIFICULTAD: ● ○ ○
Asequible incluso para tu primo pequeño

 DURACIÓN: 10'

 **RACIONES:** 6

INGREDIENTES:

* 200 g de lentejas cocidas (mucho mejor si son de tiendas de alimentación, porque las cuecen ellos mismos)
* Vegetales a tu gusto (tomate, pimiento, lechuga, cebolla...)
* Proteínas a tu gusto (huevo duro, queso, pollo troceado, atún...)
* Otros (aceitunas, maíz, pepinillos...)

PARA LA VINAGRETA:

* Aceite
* Vinagre o zumo de limón
* Sal
* Mostaza

 ELABORACIÓN:

1. Mezcla las legumbres con los vegetales picados y el resto de los ingredientes que hayas elegido.

2. Para preparar una vinagreta, mezcla aceite, sal y vinagre o zumo de limón (si quieres, añade algún otro ingrediente, como mostaza o alguna hierba aromática) en un bote y agítalo. O bien en un bol y remuévelo con la varilla.

3. Aliña tu ensalada y ¡a cenar! Más fácil imposible.

CENAS RÁPIDAS

Alitas de pollo adobadas

Esto que diré puede que te cueste creerlo, pero a alguna gente no le gustan las alitas de pollo. Ya, sé que es increíble, pero, en fin, tiene que haber de todo en este mundo. Si por casualidad eres una de esas personas, deja de leer ya y pasa a otra receta, que para eso he escrito un libro entero. Si eres una persona normal con buen gusto, quédate, que te explico lo que vas a cenar mañana.

 NIVEL DE DIFICULTAD: ● ○ ○
Asequible incluso para tu primo pequeño

 DURACIÓN: 40'

 RACIONES: 2

INGREDIENTES:

* 8-10 alitas de pollo
* Especias y hierbas aromáticas al gusto (pimentón, pimienta, comino, romero, tomillo, ajo en polvo, orégano...)
* El zumo de 1 limón
* Aceite de oliva
* Sal

ELABORACIÓN:

1. Pon en un bol las alitas de pollo y añade también todas las especias que te apetezca (no tengas miedo a pasarte, es peor quedarse corto), la sal, el zumo de limón y un buen chorro de aceite de oliva. Mézclalo todo bien con las manos, asegurándote de que todas las alitas queden bien pringadas y rebozadas de especias.

2. Precalienta el horno a 180 ºC. Coloca las alitas extendidas en una bandeja de horno. Mete la bandeja en el horno y déjalo cocinar unos 30 minutos. Sabrás que están listas cuando toques la piel y notes que está muy crujiente. Si sigue blanda, es que las tienes que dejar más rato.

3. Sírvelas con una ensaladita sencilla o un tomate aliñado con aceite y sal. *Pa'* flipar.

CENAS RÁPIDAS

Guisantes con jamón

Excepto unos poquitos meses al año, los guisantes que puedas comprar van a ser congelados. Esto no tiene nada de malo; de hecho, es un recurso buenísimo. Eso sí, entiende que, como en todo, hay diferentes calidades y pagando un poco más tendrás unos guisantes mucho más tiernos y con la piel más fina. Te recomiendo que pruebes varios en el súper y te quedes con los que más te gusten. Con el jamón pasa un poco lo mismo. ¿Puedes comprar esos taquitos envasados de jamón malísimo? Sí. ¿Te lo recomiendo? Desde luego que no. La mejor opción suele ser hacerse con un jamón de buena calidad en lonchas y picarlas tú mismo en tiras.

 Nivel de dificultad: ● ○ ○
Asequible incluso para tu primo pequeño

 Duración: 30'

 Raciones: 2

Ingredientes:

* 400 g de guisantes congelados
* 200 g de jamón serrano
* 1 cebolla
* Aceite de oliva
* Sal
* 2 huevos (opcional)

 Elaboración:

1. Pica finita la cebolla y ponla en una sartén a fuego medio con un chorro de aceite. Deja que se cocine hasta que esté transparente. Entonces, añade el jamón picado y remuévelo un poco.

2. Echa después los guisantes congelados y sube un poco el fuego. Remueve y añade medio vaso de agua. Deja que hierva durante unos minutos. El tiempo que tarden en estar listos dependerá de la calidad de los guisantes y del punto al que te guste comerlos. Yo suelo comprar guisantes muy finos y me gustan un poco crujientes, así que en 5 minutos los tengo listos.

3. Si quieres, cuando los guisantes estén cocidos, puedes cascar un par de huevos encima, tapar la sartén y dejarlos cocinar unos 2 minutos más. Te queda la cena ya completa del todo.

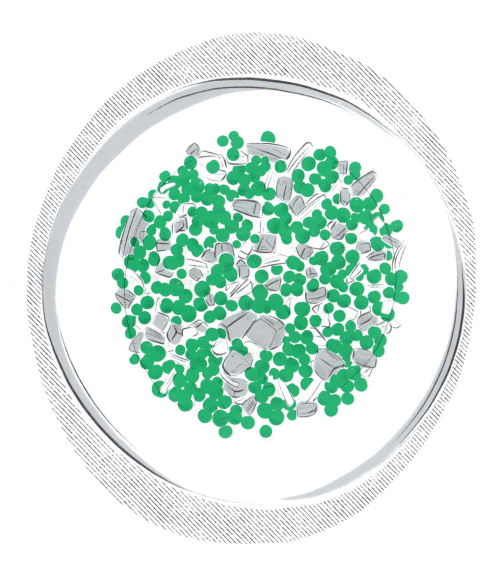

CENAS RÁPIDAS

Lubina al horno

Quizá hacer pescado al horno te parezca una cosa que requiere prácticamente superpoderes culinarios. Por algún motivo, la gente suele sobreestimar la dificultad de este tipo de recetas. Te prometo que es facilísimo y, lo mejor de todo, se hace solo. La magia del horno. Tú lo metes todo ahí dentro y te olvidas. Puedes usar lubina o dorada entera, pero también un trozo de lomo de algún otro pescado, como merluza o salmón. El proceso es exactamente el mismo, aunque los tiempos de cocción variarán según el tamaño de las piezas. Y si el pescado que elijes es una lubina o dorada, te recomiendo que lo pidas abierto por la espalda; de esta manera te será más fácil ver si ya está cocinado.

 NIVEL DE DIFICULTAD: ● ○ ○
Asequible incluso para tu primo pequeño

 DURACIÓN: 40'

 RACIONES: 2

INGREDIENTES:

* 2 lubinas «de ración»
* 2 patatas medianas
* 1 cebolla
* Pimienta y sal
* Aceite de oliva
* 2 dientes de ajo (opcional)
* 1 cucharadita de pimentón (opcional)
* Un chorrito de zumo de limón (opcional)

ELABORACIÓN:

1. Pela y corta las patatas en rodajas finas. Pica también la cebolla en tiras finas o juliana. Extiéndelo todo en una bandeja de horno y ponle sal, pimienta y un chorro de aceite de oliva. Hornéalo a 180 °C durante 20 minutos.

2. Coloca el pescado encima de las patatas ya horneadas, un poco más de sal, pimienta y aceite, y hornéalo unos 10 minutos más a la misma temperatura. Una vez trascurrido ese tiempo, comprueba si está cocinado. Si no, déjalo unos minutitos más.

3. Si tienes las ganas, haz un refrito mientras se hornea el pescado: pica un par de dientes de ajo a láminas finas y dóralos en una sartén con aceite. Cuando estén dorados, apaga el fuego y echa el pimentón y un chorrito de zumo de limón. Vierte el refrito por encima del pescado en cuanto lo saques del horno.

CENAS RÁPIDAS

Gambas al ajillo

Unas gambas al ajillo y media barra de pan. ¿Es la cena más nutricionalmente equilibrada del mundo? Pues, como no soy nutricionista, fingiré que no lo sé y seguiremos adelante con la receta. El ajillo es una de las técnicas culinarias más épicas de España. El ajo chisporroteando en el aceite genera un olor que te hace salivar automáticamente y, cuando le añades las gambas, ya solo te queda dar gracias al cielo por semejante creación. Igual me estoy pasando y solo tengo hambre. Creo que hoy se cena gambas al ajillo.

 NIVEL DE DIFICULTAD: ● ○ ○
Asequible incluso para tu primo pequeño

 DURACIÓN: 20'

 RACIONES: 2

INGREDIENTES:

* 250 g de gambas grandes peladas
* 10 dientes de ajo
* 2 guindillas (opcional)
* Perejil (opcional)
* Aceite de oliva virgen extra
* Sal
* Pimienta negra
* Pan

 ELABORACIÓN:

1. Elige una sartén en la que te quepan todas las gambas separaditas, no amontonadas. Échale dos dedos de aceite de oliva, los ajos laminados finos y las guindillas enteras. Ponlo a calentar a fuego medio y deja que se vayan dorando los ajos.

2. Echa un poco de sal y pimienta a las gambas y añádelas a la sartén cuando los ajos ya estén dorados. Déjalas cocinar 1 minuto, dales la vuelta a las gambas y deja que se cocinen 1 minuto más.

3. Puedes ponerles un poco de perejil picado por encima si te sientes con ganas, pero es opcional. Lo que es obligatorio es que compres un buen pan para mojar en el aceitito del ajillo. De locos.

CENAS RÁPIDAS

Empanadillas de atún

Hacer empanadillas con mi madre es uno de los primeros recuerdos que tengo cocinando. Ella preparaba el relleno y lo ponía encima de las obleas, y yo iba cerrando y decorando los bordes con un tenedor. Puedes hacer una tirada grande y congelarlas en crudo para tener para otro día. Solo debes ir con cuidado y congelarlas sin que se toquen unas con otras. Cuando las quieras comer, solo habrá que dejarlas descongelar y hornearlas.

Nivel de dificultad: ● ○ ○
Asequible incluso para tu primo pequeño

Duración: 40'

Raciones: 2

Ingredientes:

* 10 obleas de empanadilla
* 3 latas de atún
* 1 cebolla pequeña
* 6 aceitunas sin hueso
* 4 lonchas de jamón serrano
* Tomate frito al gusto
* Aceite de oliva
* Sal
* 1 huevo

 Elaboración:

1. Pica la cebolla y ponla a sofreír a fuego medio en una sartén con un chorro de aceite. Cuando esté blandita y transparente, métela en un bol y mézclala con el atún, las aceitunas picadas y el jamón picado. Ve añadiendo tomate frito hasta que el relleno quede con una consistencia que te guste. Procura no echar demasiado para que no sea muy líquido.

2. Coloca todas las obleas sobre la encimera y vierte un poco de relleno en el centro de cada una. La cantidad de relleno dependerá del tamaño de oblea que hayas comprado. Cierra las empanadillas apretando los bordes con un tenedor, píntalas con huevo batido y hornéalas siguiendo las instrucciones del paquete de obleas; en las indicaciones, suelen rondar los 180 °C durante 10-12 minutos. De todas maneras, presta atención durante el horneado para que no se te quemen.

3. Cuando las saques del horno, déjalas enfriar y ya puedes comerlas. Si no te las acabas, no te preocupes, son como la pizza, saben a gloria al día siguiente por la mañana.

CENAS RÁPIDAS

Pepito de ternera

Parece que una solo pueda cenar un bocadillo decente si va a un bar, pero da un poco de pereza a veces, la verdad. Además, ya no hay tantos que hagan bocadillos buenos y grandes. Hasta eso se está perdiendo. Pero no nos desanimemos todavía, porque te traigo la solución: prepararte bocadillos en casa para cenar. Pero bocadillos de verdad, de los épicos. Y aunque probablemente no te quedarán con el mismo toque (porque a ti te falta la plancha que tienen en los bares, que está llena de... sabor), te van a hacer igualmente feliz. Empecemos con un pepito de ternera.

NIVEL DE DIFICULTAD: ● ○ ○
Asequible incluso para tu primo pequeño

 DURACIÓN: 15'

 RACIONES: 1

INGREDIENTES:

* ½ barra de pan
* Solomillo de ternera (si la carne te gusta poco hecha o al punto, que te los corten un poco gruesos)
* 2 dientes de ajo
* Aceite de oliva
* Sal y pimienta negra
* Pimiento verde italiano y queso en lonchas (opcional)

 ELABORACIÓN:

1. En una sartén grande, pon un buen chorro de aceite de oliva, los ajos laminados y fríelos a fuego medio. Cuando el ajo esté dorado, retíralo, sube el fuego y añade los filetes de ternera salpimentados. Cocínalos por ambos lados el tiempo que sea necesario para que queden en el punto que te gusta.

2. Abre el pan y colócalo en la sartén por el lado de la miga para que se impregne del aceite y los jugos de la carne. Cuando se haya tostado un poco, ya puedes montar el bocadillo con la carne y el ajo.

3. Puedes añadirle también un poco de pimiento verde italiano a la plancha o unas lonchas de queso, pero la versión básica es más que suficiente para convertirse en la mejor cena de la semana.

CENAS RÁPIDAS

Bacalao dorado

Hace unos años, fui a Lisboa de vacaciones y comí bacalao *a bras* muuuchas veces. Si no sabes lo que es, te lo resumo muy rápidamente: un revuelto de bacalao desalado y patatas paja. Ya sé que así de primeras puede sonar raro, pero, de verdad, dale una oportunidad. Cosas más raras habrás comido.

 NIVEL DE DIFICULTAD: ● ○ ○
Asequible incluso para tu primo pequeño

 DURACIÓN: 30'

 RACIONES: 2

INGREDIENTES:

* 1 cebolla mediana
* 200 g de bacalao desalado desmigado
* 100 g de patatas paja de bolsa
* 4 huevos
* Aceite de oliva
* Algunas aceitunas negras (opcional)

 ELABORACIÓN:

1. Pica la cebolla en tiras bien finas y ponla en una sartén con un chorro de aceite para cocinarla a fuego medio hasta que esté muy blandita. Entonces, añade el bacalao desmigado y dale vueltas remuévelo unos 2 minutos.

2. Pasado ese tiempo, echa las patatas paja y los huevos batidos, y no pares de remover hasta que los huevos estén cuajados.

3. Es típico servirlo con aceitunas negras. Personalmente, no me apasiona la combinación, pero pruébalo y te formas tu propia opinión.

CENAS RÁPIDAS

Merluza a la romana

Esta receta es la versión adulta y seria de los palitos de pescado que nos daban en el comedor del cole de pequeños. Si todavía los sigues comiendo, lo respeto, pero creo que es hora de que hagas un *upgrade* y te pases a esta receta. Tú verás. Como cena funciona a la perfección con una guarnición de verdura o ensalada.

 NIVEL DE DIFICULTAD: ● ○ ○
Asequible incluso para tu primo pequeño

 DURACIÓN: 10'

 RACIONES: 2

INGREDIENTES:

* 2 raciones de lomo de merluza
* Un poco de harina
* 1 huevo
* Sal
* Pimienta
* Aceite de oliva

 ELABORACIÓN:

1. Pon dos dedos de aceite a calentar en una sartén.

2. Seca un poco los trozos de merluza con un papel absorbente. Échales sal y pimienta por ambos lados y pásalos por harina. Sacude el exceso y pásalos ahora por un huevo batido. Colócalos con cuidado en la sartén cuando el aceite esté ya bien caliente.

3. Cocina la merluza 2 o 3 minutos por cada lado, según el grosor de la pieza. Tiene que quedar bien dorada por fuera y cocinada pero jugosa por dentro.

4. Retírala y déjala sobre un papel absorbente para eliminar el exceso de aceite, y ya lo tienes.

Recetas de aprovechamiento

«En esta casa no se tira comida» puede que sea una de las frases más universales en las casas de las abuelas del mundo entero. No desperdiciar comida es un arte y para lograrlo hay varios trucos. El primero de ellos es organizarte bien en la cocina y hacer la compra con cabeza, pero eso ya lo hemos comentado al inicio del libro. Otro de los grandes trucos, y sobre el que hablaremos en este apartado, es la cocina de aprovechamiento. La cocina de aprovechamiento es para mí —aunque parezca contradictorio— la cocina en su máxima expresión. Ahí uno demuestra sus habilidades culinarias, la capacidad de improvisar, su imaginación y, en resumen, la destreza que tiene como cocinero. Donde algunas personas solo verían unas carcasas de pollo y unas verduras medio pochas, tu abuela veía la sopa del día siguiente. Donde tú ves unos restos de pescado al horno que mañana van a estar sequísimos, yo te ayudaré a ver unas hamburguesitas que te solucionen el táper de la oficina.

Este es, probablemente, el apartado del libro en el que quedarte con el mensaje se vuelve más importante que hacer las recetas. No hay nada en tu cocina que no se pueda aprovechar y convertirlo en algo mejor (a menos que sea un tomate con un bulto de moho azul o un gazpacho fermentado al que ya le salen burbujitas, tampoco me seas suicida). Solo hay que tener la mente abierta y saber un par de trucos. *Vamo'* al lío.

APROVECHAMIENTO

Arroz al horno

Se habla muchísimo de la paella valenciana (y con razón), pero muy poco del arroz al horno. Personalmente, me parece un plato igualmente increíble y que además es más fácil y cómodo para hacerlo en casa. El arroz al horno, en su origen, servía para aprovechar los restos del puchero. Hoy en día se hace desde cero en muchas casas, comprando ingredientes a propósito para ello. En cualquier caso, sigue siendo una idea buenísima para darle una segunda vida a los restos de tu puchero o cocido.

 Nivel de dificultad: ● ● ○
Tendrás que esforzarte, pero saldrás adelante.

 Duración: 45'

 **Raciones:** 4

Ingredientes:

* 350 g de arroz
* 800 g de caldo de puchero
* 1 cabeza de ajo
* Dos puñados de garbanzos cocidos, carnes troceadas y patatas cocidas (todo del puchero)
* 1 tomate
* Aceite de oliva

 Elaboración:

1. Precalienta el horno a 200 ºC y el pon el caldo a calentar en una olla.

2. En una cazuela (tradicionalmente de barro, pero puedes usar la que tengas), vierte un buen chorro de aceite y echa la cabeza de ajos entera sin pelar.

3. Deja que se dore y añade las carnes, los garbanzos y las patatas. Dóralo todo junto durante unos 2 minutos.

4. Vierte después el arroz y mézclalo todo bien durante 1 minuto.

5. Añade también a la cazuela el tomate cortado en dos mitades. Cúbrelo todo con el caldo caliente, que ya debería estar hirviendo, y hornéalo durante 20 minutos.

6. Trascurrido ese tiempo, deja reposar el arroz 10 minutos antes de servirlo.

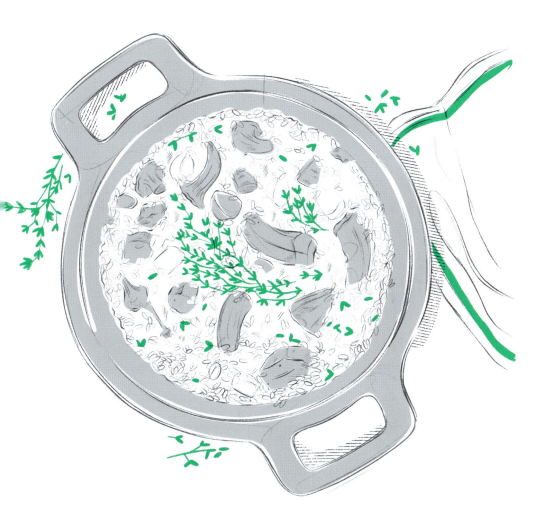

APROVECHAMIENTO

Croquetas de cocido

Uy, las croquetas, qué movida. No me atrevía a incluirlas, porque seguro que serán peor que las de tu abuela. La receta de mi abuela no la tengo, así que no la puedo poner. Y mi madre hace unas croquetas que están de locos, pero no pesa ni un ingrediente, así que tampoco nos sirve aquí. De todas formas, te digo una cosa: nunca me he fiado de ninguna receta de croquetas. Nunca. Siento que, de alguna manera, las croquetas son ingobernables. Tú no puedes ir por ahí pesando cuántos gramos de pollo de cocido les has puesto ni cuánto jamón serrano, porque no tiene ningún sentido. Cada caldo te proporciona unos restos distintos, así que, cada vez que las prepares, dispondrás de una materia prima distinta; por tanto, te tendrás que adaptar a ella. ¿Y qué es esto, si no la cocina de aprovechamiento en su máximo esplendor? Y ahora tú pensarás: «Esta tía me está aquí filosofando sobre unas croquetas y no me va a dar la receta, ¿de qué va?». Bueno, déjame seguir, que no es exactamente así. Sí que te daré una receta, pero tú tendrás que adaptarla a tus gustos y necesidades.
Y esto solo lo podrás hacer si preparas croquetas muchas veces; así que, venga, espabila.

 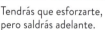 NIVEL DE DIFICULTAD: ● ● ○
Tendrás que esforzarte, pero saldrás adelante.

 DURACIÓN: 90'

 RACIONES: 6

INGREDIENTES:

* 200 g de carnes del caldo (pollo, ternera, jamón, cerdo...)
* 50 g de mantequilla
* 50 g de harina de trigo
* ½ litro de leche (o 350 ml de leche y 150 ml de caldo del cocido)
* ½ cebolla mediana
* 1 huevo y sal
* Pan rallado
* Aceite de oliva

 ELABORACIÓN:

1. Separa toda la carne del caldo de los huesos, de los tendones, pieles y otros desperdicios. Cuando la tengas, pícala bien finita a cuchillo y resérvala.

2. Para preparar la bechamel, pica la cebolla bien finita y añádela a una olla con la mantequilla. Cocínala a fuego medio hasta que la cebolla esté completamente blandita. Entonces, añade la harina y remuévelo con una varilla para que se mezcle bien. Cocínalo durante unos 2 minutos. Incorpora la leche (o la mezcla de caldo y leche) bien caliente y poco a poco mientras lo remueves. Deja que se cocine 5 minutos sin parar de removerlo hasta que espese. Si lo haces así, no debería quedarte ningún grumo. Pruébala y añade sal al gusto.

3. Cuando tengas la bechamel lista, añade las carnes a la mezcla y sigue cocinándolo durante 10 minutos a fuego medio. Cuidado que no se te pegue en el fondo, remuévelo bien.

4. Pasa la mezcla para las croquetas a un táper o bandeja y cúbrela con papel film. El papel film debe quedar bien pegado a la superficie de la masa para que esta no se reseque. Déjalo enfriar en la nevera hasta el día siguiente.

5. Ya solo te queda la parte más tediosa, ¡ánimo! Ve cogiendo porciones de masa para darles forma de croqueta. Sé que al final entran ganas de hacerlas enormes para terminar más rápido, pero no caigas en la tentación. Cuando las tengas formadas, pásalas por huevo batido y pan rallado y fríelas en aceite bien caliente. Al retirarlas, déjalas sobre un papel absorbente, y ya las tienes.

6. Si haces muchas y quieres guardarlas para más adelante, rebózalas de nuevo, ponlas en un táper, y al congelador. Cuidado, no las guardes pegadas, deja separación entre una croqueta y la otra.

APROVECHAMIENTO

Huevos tontos

A día de hoy, la receta de los huevos tontos sigue siendo la más viral de mi perfil. Y mira que he intentado hacer vídeos que lo superen, pero no hay manera. Más de cuatro millones de personas la han visto y más de mil me han dejado un comentario. La verdad es que al principio no entendía del todo el éxito de la receta, pero al leer alguno de esos comentarios empecé a comprenderlo. «Esto lo hacía mi abuela», «Cuánto tiempo sin ver esta receta», «En mi casa se hacía mucho». Y así podría continuar con un listado inmenso de comentarios similares. La nostalgia, el recuerdo. Y es que ¿quién hace aún huevos tontos? Alguna abuela que se niega a adaptarse a una sociedad que tira el chusco de pan duro a la basura sin plantearse que hay otras opciones. La resistencia. Esta receta no está en el libro porque sea magnífica o me guste especialmente. La he puesto porque simboliza de forma clara lo que significa cocinar con el amor de una abuela: esforzarse para convertir el pan duro en algo que le alegre la comida a la familia.

 NIVEL DE DIFICULTAD: ● ○ ○
Asequible incluso para tu primo pequeño

 DURACIÓN: 20'

 RACIONES: 4

INGREDIENTES:

* 150 g de pan duro
* 1 huevo
* 150 g de leche
* 2 dientes de ajo
* Perejil fresco
* Sal y pimienta
* Aceite de oliva

ELABORACIÓN:

1. Pica el pan en una picadora o un robot de cocina hasta quedar bien desmenuzado. Mézclalo con el huevo, la leche, el ajo y el perejil picado, la sal y la pimienta. Amásalo bien con las manos. Debe quedarte una textura que te permita hacer bolitas.

2. Forma bolas del tamaño de una croqueta y ponlas a freír en aceite bien caliente hasta que queden doraditas.

3. Puedes comértelos así tal cual, como aperitivo, o echarlos a la sopa, dejando que hiervan unos 2 minutos en el caldo.

APROVECHAMIENTO

Hamburguesas de pescado

Los restos de pescado cocinado son uno de los más complicados de revivir. Recalentarlos al microondas no es buena idea porque quedan demasiado secos. Mejor desmenuzarlo y añadirlo a una ensalada. Otra opción es hacer croquetas (inspirándose en la receta de las de cocido de la página 160). O puedes hacer estas hamburguesas de pescado: se preparan en muy poco tiempo para lo buenas que están. Hazme caso.

 NIVEL DE DIFICULTAD: ● ○ ○
Asequible incluso para tu primo pequeño

 DURACIÓN: 30'

 RACIONES: 2

INGREDIENTES:

* 350 g de restos de pescado al horno o a la plancha
* 1 huevo
* 1 cebolla pequeña
* 2 dientes de ajo
* Perejil fresco al gusto
* 30 g de pan rallado
* Sal y pimienta
* Aceite de oliva

 ELABORACIÓN:

1. Desmenuza el pescado con las manos, retirando con cuidado la piel y las espinas. Mézclalo con la cebolla, el ajo y el perejil picados muy finitos, el huevo, el pan rallado, la sal y la pimienta. Si ves que la masa no tiene consistencia, añade un poco más de pan.

2. Dale forma de hamburguesas a la mezcla y cocínalas en una sartén con aceite a fuego medio unos 3 o 4 minutos por cada lado, hasta que estén doradas por ambos lados y cocinadas por dentro.

3. Móntalas en plan hamburguesa, con pan, lechuga, tomate y alguna salsa o cómetelas al plato con alguna guarnición simple. En cualquier caso, le darán mil vueltas al salmón recalentado y seco que te ibas a comer.

APROVECHAMIENTO

Sopa de ajo

Sopa de ajo o sopa castellana. La línea que separa la una de la otra es realmente sutil y en muchos casos borrosa. Cada persona te dirá una cosa diferente, y siempre habrá quien se enfade porque acabas de llamar por un nombre que no es a la sopa que has cocinado. Da igual; nosotros, a lo nuestro. Como en tantas otras recetas de aprovechamiento, el ingrediente principal aquí es el pan duro. Mucha gente pasó hambre en España en suficientes momentos de la historia, y, ya sabes, el hambre agudiza el ingenio. Las personas intentaban aprovechar lo poco que tenían en casa para comer un plato que al menos les calentara en invierno, y el pan era un ingrediente muy socorrido. Por eso hay tantísimas recetas tradicionales con el pan como base. De todas ellas, la sopa de ajo es la que más veces he preparado y la que más cenas me ha salvado, así que te la dejo por aquí con la esperanza de que a ti también te sirva.

 NIVEL DE DIFICULTAD: ● ○ ○
Asequible incluso para tu primo pequeño

 DURACIÓN: 30'

 RACIONES: 2

INGREDIENTES:

* 1 cabeza de ajos
* ½ barra de pan duro
* 2 cucharadas de pimentón dulce
* 3 vasos de agua o caldo de pollo o de carne
* Jamón o chorizo a tacos (opcional)
* 2 huevos
* Aceite de oliva
* Sal

ELABORACIÓN:

1. Corta el pan duro en rodajas finas y resérvalas.

2. Pela y pica los dientes de ajo en láminas finas. Ponlos en una olla con un chorro de aceite y cocínalo a fuego medio hasta que estén dorados. Si vas a usar jamón o chorizo, añádelo en este momento y deja que se cocine unos 2 minutos.

3. Echa entonces el pimentón y cocínalo 30 segundos. Incorpora el pan en rodajas; dale unas vueltas para que se empape del aceite y de la grasa del chorizo y el jamón (si lo hay) y se quede un poco tostadito.

4. Después, añade el caldo o agua a la olla y déjalo cocer todo junto durante 10 minutos. Puedes removerlo para que el pan quede más partidito, o no tocarlo para que quede más entero.

5. Pasados los 10 minutos, añade a la olla los huevos previamente batidos, remuévelos un poco y deja que se cocinen 1 minuto.

También puedes añadir los huevos sin batir y dejar que se cocinen en la sopa caliente unos 2 minutos para que te queden escalfados, pero a mí me encanta la textura que dejan cuando están batidos. Prueba ambas versiones y decide cuál es la tuya.

APROVECHAMIENTO

Canelones

Mi abuela paterna, mi yaya Elena, cocinaba pocas recetas, pero las que hacía eran un éxito aclamado por la crítica (siendo la crítica mi familia, obviamente). Por desgracia, yo nunca llegué a probar sus platos o si lo hice no guardo el recuerdo. Igual que mi abuela materna, murió tras varios años con alzhéimer y sin las recetas apuntadas en ningún sitio. Además, se fue bastantes años antes que la otra, siendo yo pequeña; así que no me queda ni la opción de tirar de recuerdos para intentar recrear sus comidas. Uno de sus platos estrella eran los canelones. Si no los has hecho nunca, quizá no seas consciente ello, pero cocinar canelones es una tarea que exige mucho tiempo y dedicación. No son cualquier cosa. En Cataluña, los canelones son una receta típicamente navideña. Se preparan, según la tradición, con la carne de la escudella, que es el cocido típico catalán. Sí, en otras zonas de España es común hacerlos de carne picada, pero esa no es la receta de la que yo quiero hablar. Puede que sea una cuestión cultural o de costumbre, pero a mí me parece que los canelones de aprovechamiento les dan mil vueltas a los canelones de boloñesa.

 NIVEL DE DIFICULTAD: ● ● ●
Nivel abuelas y otros expertos

 DURACIÓN: 120'

 RACIONES: 6

INGREDIENTES:

* 400 g de las carnes de la escudella o cocido (pollo, gallina, ternera, cerdo, butifarra...)
* 100 g de restos de verdura de la escudella o cocido (zanahoria, puerro, apio...)
* 1 cebolla grande
* 1 vaso de vino oloroso, rancio o brandi

Para la bechamel:

* 50 g de mantequilla
* 50 g de harina
* 1 litro de leche
* 20 placas (aprox.) de pasta para canelones
* Queso rallado al gusto
* Sal
* Pimienta negra
* Aceite de oliva

Elaboración:

1. Haz una bechamel tradicional. Funde la mantequilla en una olla, añade la harina, dale vueltas unos 2 minutos para que se cocine y poco a poco ve vertiendo la leche (calentada anteriormente) mientras lo remueves para que no se formen grumos. Cocínalo todo junto unos 2 minutos a fuego medio para que espese. Pon la bechamel al punto de sal y pimienta, y ya la tienes.

2. Pica la cebolla bien fina y resérvala. Por otro lado, pica toda la carne y la verdura. La mejor opción siempre es usar una picadora de carne, pero entiendo que no todo el mundo es tan friki como yo y no todos tendréis una. La segunda mejor opción es pasarla por un robot de cocina o una batidora eléctrica que te lo deje tan picado como sea posible. La última de las opciones es picarlo a cuchillo muuuy fino.

3. En una olla, pon un chorro de aceite y dora la cebolla hasta que esté blandita y tenga algo de color. Añade la carne picada y el vaso de vino. Déjalo cocinar todo junto 5 minutos a fuego medio mientras lo remueves.

4. Fuera del fuego, añade un poco de bechamel a la carne triturada para aligerar la mezcla, hasta que tome una textura que te convenza para el relleno; tampoco te pases añadiéndole ahora bechamel, porque los canelones ya llevarán bastante por encima. Prueba el resultado, ajusta el punto de sal o pimienta si fuera necesario y resérvalo dentro de un papel film bien pegado a la superficie de la masa.

5. Cuece las placas de pasta siguiendo las instrucciones del fabricante. Una vez cocidas, ve poniéndolas en un bol con agua con hielo para cortar su cocción. De ahí, pásalas rápidamente a un trapo de cocina humedecido para que no se peguen, colocándolas todas extendidas y separaditas.

6. Una vez cocida toda la pasta, vierte un poco de relleno en cada una y ve cerrando los canelones. La cantidad de relleno debe ser la justa para que se cierren fácilmente pero queden bien hinchaditos.

7. En una bandeja de horno, cubre todo el fondo con un poco de bechamel, pon los canelones encima, báñalos con bechamel y cúbrelos con queso rallado. A mí me gusta usar emmental y parmesano, pero tú elige los que prefieras. Enciende el horno en la función de grill, a 200 ºC, y mete los canelones hasta que el queso esté fundido y dorado. No hay un tiempo específico, porque esto va al gusto de cada uno, pero puedes probar con entre unos 3 y 5 minutos.

APROVECHAMIENTO

Crema de legumbres

Ya, qué pereza. Solo leer el nombre ya te parece un plato aburridísimo. Y oye, no quiero engañarte, un poco aburrido sí que es. Es complicado hacer magia con un táper de lentejas que se te ha quedado muerto de risa en la nevera. Pero al menos le darás otro aspecto y no vas a comer lo mismo por tercer día consecutivo; yo qué sé. Hay que verle la parte positiva a las cosas.

 Nivel de dificultad: ● ● ○
Tendrás que esforzarte, pero saldrás adelante.

 Duración: 10'

 Raciones: 2

Ingredientes:

* 2 raciones de legumbres estofadas
* ½ vaso de nata líquida para cocinar
* Aceite de oliva
* Las carnes restantes de las legumbres (opcional)
* Unos trocitos de pan (opcional)

 Elaboración:

1. Separa del guiso las carnes (si hubiera) y deja solo las legumbres, las verduras y el caldo. Ponlo a calentar en una olla y, después, tritúralo junto con la nata líquida usando un robot de cocina o un túrmix.

2. Pasa el resultado por un colador chino para que la textura sea lo más fina posible.

3. Pasa las carnes que pudiera haber por una sartén con un poco de aceite y sírvelas como *topping* de la crema. Puedes preparar también unos picatostes friendo unos cuadraditos de pan en aceite de oliva.

APROVECHAMIENTO

Ensalada de pollo asado

Encargaste un pollo asado para comer el domingo y sobró una pechuga. Evidentemente, al día siguiente está sequísima y no te apetece en absoluto. Te entiendo, es normal. A todos nos pasaría. Hay muchas cosas que se pueden hacer con un pollo asado, especialmente cuando lo desmenuzas. Añadirlo a un arroz, a una sopa, a una pasta... O a una ensalada, mi opción más socorrida. Esta es una receta muy personal, inspirada en la mítica ensalada César. Obviamente, puedes ponerle y quitarle ingredientes según tus gustos.

 NIVEL DE DIFICULTAD: ● ○ ○
Asequible incluso para tu primo pequeño

 DURACIÓN: 15'

 RACIONES: 2

INGREDIENTES:

* ½ pollo asado
* 4 cogollos o ½ lechuga romana
* 50 g de parmesano en lascas
* 4 cucharadas de mayonesa (¡casera!)
* 1 cucharadita de mostaza antigua
* Un puñado de picatostes
* 8-10 anchoas en salazón

ELABORACIÓN:

1. Coge el pollo y separa toda la carne de los huesos, de la piel y los cartílagos, y pícala en trozos de bocado. Mézclala en un bol con la lechuga picada en tiras, las lascas de parmesano y los picatostes.

2. Haz una salsa con la mayonesa, la mostaza y el aceitito que te haya sobrado del pollo asado, y añádelo al bol. Mezcla todo bien.

3. Sirve la ensalada en los platos y decóralos con las anchoas en salazón. Te pasaste el juego.

APROVECHAMIENTO

Migas

Las migas son otro de esos platos míticos de nuestro país sobre los que nunca hay un consenso. Hay quien las hace de harina, de pan, con diferentes tipos de carne, con pescado, con fruta... Mil variantes. Y, obviamente, para todo el mundo son las suyas las mejores y más auténticas. Las que yo te traigo son las de Ramón, el suegro de mi madre. Ramón es de Campillo de Arenas, Jaén, así que esta es la receta de las migas de esa región concreta de España. Ojalá pudiera escribir la receta de migas de cada pueblo, pero creo que daría para un libro aparte. Te recomiendo, si vas a hacer migas para mucha gente, que te busques un ayudante. El proceso es largo y hay que estarlo removiendo constantemente, así que lo mejor es turnarse.

 NIVEL DE DIFICULTAD: ● ● ○
Tendrás que esforzarte, pero saldrás adelante.

 DURACIÓN: 180'

 RACIONES: 12

INGREDIENTES:

* 2 kg de pan redondo del día anterior
* 6 dientes de ajo
* ½ kilo de tocino curado
* ½ kilo de chorizo fresco
* 300 g de salchichas frescas
* 1 kg de pimiento verde italiano
* Aceite de oliva
* 1 vaso de agua
* Un poco de fruta cortada (opcional)

 ELABORACIÓN:

1. Retira la parte más dura de la corteza del pan y desmiga el resto con los dedos; tienes que ir pellizcando la miga para arrancar trozos pequeños. Pon el pan desmigado en una olla y echa un vaso de agua por encima procurando que empape bien todo el pan. Déjalo así la noche entera.

2. Al día siguiente, pon dos dedos de aceite en una cazuela grande y empieza a freír las carnes, previamente picadas en trozos de bocado. Hazlo por turnos para que se frían bien, sin cocerse.

3. Fríe también los ajos y el pimiento picado en trozos grandes; si son demasiado pequeños, se van a deshacer en el cocinado. Reserva en cuanto esté todo frito.

4. Añade las migas de pan a la cazuela y empieza a cocinarlas. Debes tener el fuego medio-bajo y removerlas constantemente para que no se te peguen a la cazuela. Verás que el pan pasa de estar blanco y húmedo a quedar seco y de color tostado. Esto te puede llevar cerca de 1 hora si haces la cantidad de migas que he anotado en la lista de ingredientes. Si haces menos cantidad, lo tendrás en su punto antes.

5. Añade las carnes fritas y el ajo, y sigue removiéndolo 20 minutos más.

6. Por último, agrega el pimiento y cocínalo durante 10 minutos. Ya las tendrías.

7. Sírvelas en la mesa dentro de la cazuela. También puedes acompañarlas de unos platitos con fruta cortada (uva, melón, naranja...). Es lo más tradicional y además ayudan a pasar las migas, que son un plato fuerte y contundente.

Dulces

Siempre, da igual cuáles sean las circunstancias de una comida, hay que dejar hueco para el postre. Me desespera salir con alguien a cenar y que rechace la carta de postres porque ya ha quedado lleno. El postre es el broche final que toda buena comida necesita. Es más, si vas a un restaurante y los platos principales han sido mediocres pero el postre es muy bueno, seguramente salgas de allí feliz.

Hay algo precioso también en los dulces estacionales. La llegada de la Semana Santa equivale a la de las torrijas, igual que la llegada de Todos los Santos implica la de los panellets. Estos dulces, que entran y salen de nuestra vida una vez al año, forman parte de nuestros recuerdos más antiguos, de nuestras tradiciones, de nuestra familia.

Aprender a cocinar los postres de toda la vida es una manera de mantener vivo ese legado. He seleccionado unos cuantos dulces y he tenido que dejar muchos otros atrás. Sobre postres típicos se podrían escribir libros y libros, y nunca serían suficiente. Si en tu pueblo o en tu región hay algún dulce tradicional que sientas que se está perdiendo, que ya solo las abuelas más mayores y alguna pastelería antigua prepara, infórmate y aprende a hacerlo. No dejes que se pierdan en el olvido.

DULCES

Flan de huevo

Facilito, típico, bueno. Lo tiene todo. Incluso despierta un toque de emoción al prepararlo, porque no sabrás si está bien cuajado hasta el día siguiente, cuando se haya enfriado y lo puedas desmoldar. Si hacer flan fuera una película, se trataría de un thriller. Bromas aparte, estas dudas probablemente las tendrás solo la primera vez que hagas la receta. El proceso es tan sencillo que cuando lo hayas repetido un par de veces te darás cuenta de que no hay fallo y de que en cada ocasión te queda perfecto.

 NIVEL DE DIFICULTAD: ● ○ ○
Asequible incluso para tu primo pequeño

 DURACIÓN: 60'

 RACIONES: 6

INGREDIENTES:

* ½ litro de leche
* 125 g de azúcar
* 3 huevos
* 1 rama de canela
* La parte amarilla de la cáscara de 1 limón
* 100 g de azúcar (para el caramelo)

 ELABORACIÓN:

1. Pon 100 gramos de azúcar en una olla a fuego bajo para que se derrita y se convierta en caramelo líquido. No tienes que removerlo constantemente, solo un poco de vez en cuando para que se vaya derritiendo de forma homogénea. Sabrás que está listo cuando sea completamente fluido y de color tostado. En ese momento, agrega un poco de caramelo en el fondo de cada flanera.

2. Por otro lado, pon a calentar la leche con la rama de canela y la cáscara de limón. Cuando empiece a hervir, apaga el fuego y deja que se vaya atemperando.

3. Bate en un bol los huevos con los 125 gramos de azúcar restantes y añade la leche templada y colada por encima al tiempo que lo vas removiendo todo para que se integre.

4. Cuando la mezcla esté homogénea, rellena con ella cada flanera, pasándola previamente por el colador. Tapa cada flanera con un trozo de papel de aluminio y colócalas todas en una bandeja de horno a la que le debes verter un par de dedos de agua para que los flanes se cocinen al baño maría.

5. Pon la bandeja en el horno a 180 ºC durante 30 minutos. Pasado ese tiempo, comprueba con un palillo si los flanes han cuajado. Si al introducir el palillo sale limpio, ya los tienes. Si notas que la mezcla aún está cruda, mantenlos en el horno un ratito más.

6. Déjalos en la nevera hasta el día siguiente y desmóldalos con la ayuda de una espatulina o un cuchillo.

DULCES

Buñuelos de viento

Aunque yo los tengo muy asociados a la Cuaresma, creo que en otras zonas de España los buñuelos se comen en Todos los Santos. No te negaré que siento cierta predilección por los postres fritos. De hecho, he incluido varios en este recetario, que, oye, para eso lo estoy escribiendo yo. Pero es que, de verdad, no podría explicar el placer que me produce comer una masa frita rebozada en azúcar. Tendrías que estar en mi cuerpo para entenderlo. En cualquier caso, los buñuelos son probablemente el dulce más trabajoso de todos los que hay en este libro. La masa da trabajo; freírlos, aún más. Como te he dicho, es un dulce estacional, así que vale la pena hacer el esfuerzo, aunque sea una vez al año, para comerlos caseros y recién hechos. Hazme caso.

 NIVEL DE DIFICULTAD: ● ● ○
Tendrás que esforzarte, pero saldrás adelante.

 DURACIÓN: 60'

 RACIONES: 6-8

INGREDIENTES:

* 125 g de leche
* 125 g de agua
* 180 g de harina
* 5 g de levadura química
* 50 g de mantequilla
* 4 huevos
* 5 g de azúcar
* Un pellizco de sal
* Aceite para freír
* Azúcar (para rebozar una vez fritos)

 ELABORACIÓN:

1. En una olla, pon a calentar el agua y la leche con la mantequilla, la sal y los 5 gramos de azúcar. Cuando hierva, añade la harina y la levadura química. Baja el fuego y remueve sin parar hasta que se forme una masa que se despegue de la olla.

2. Aparta la olla del fuego, déjalo enfriar 10 minutos y añade los huevos de uno en uno, integrando bien cada huevo antes de añadir el siguiente. Deja reposar la masa 10 minutos más.

3. Pon a calentar una sartén con tres dedos de aceite y cuando esté bien caliente ve añadiéndole porciones de masa con la ayuda de dos cucharitas. Es más fácil si las cucharas están mojadas en el aceite, así la masa se desliza más fácilmente. Deja que los buñuelos se hinchen y se doren por ambas caras y retíralos, colocándolos en un plato sobre papel absorbente. Pásalos por azúcar, y ya los tienes.

4. Aprovechando que quedan hinchados y huecos, es muy común rellenarlos, pero a mí me encanta comerlos tal cual.

DULCES

Trufas

Por desgracia, nuestros estándares en cuanto a trufas suelen ser bajísimos. Estamos acostumbrados a que nos planten delante un plato de bolitas de ganache extremadamente dulces, cubiertas de fideítos cutres de chocolate y con un pegote de nata montada de bote al lado. Todo mal. Las trufas bien hechas son más difíciles de encontrar que un Horrocrux, así que aprender a hacerlas es la única forma de saber que puedes comerlas cuando te apetezcan. Por cierto, también te sirven como regalo para alguien especial. Ponlas en una bolsita mona con un lazo o en una cajita y quedas como Dios.

 NIVEL DE DIFICULTAD: ● ● ○
Tendrás que esforzarte, pero saldrás adelante.

 DURACIÓN: 60'

 RACIONES: 6-8

INGREDIENTES:

PARA LAS TRUFAS:
* 200 g de chocolate negro
* 180 g de nata para montar
* la piel de 1 naranja
* 30 g de mantequilla

 ELABORACIÓN:

1. Para preparar las trufas, pica 200 gramos de chocolate a cuchillo en trozos pequeños y resérvalos en un bol.

2. En una olla, pon a calentar la nata y la piel de la naranja. Necesitas solamente la parte naranja de la piel, evita tanta parte blanca como te sea posible. Lleva la nata a ebullición y deja reposar la mezcla 20 minutos. Retira la piel de la naranja, vuelve a calentar la nata y, cuando hierva, échala al bol del chocolate. Mézclalo todo bien para que el chocolate se funda. Añade también la mantequilla y remueve la mezcla hasta que sea homogénea.

3. Una vez que la mezcla esté lista, haz montoncitos pequeños con la ayuda de dos cucharas y ponlos en una bandeja sobre papel de horno. Déjalos enfriar en la nevera unas 2 horas. Pasado ese tiempo, saca las trufas de la nevera.

PaRa La CoBeRTuRa:

* 200 g de chocolate negro
* Cacao en polvo

4. Para fundir el chocolate de la cobertura, te recomiendo usar el microondas. Trocea el chocolate, ponlo en un bol y caliéntalo al microondas en golpes de 30 segundos a potencia media. Caliéntalo 30 segundos, mézclalo un poco, vuelve a calentarlo 30 segundos, vuelve a mezclarlo, y así hasta que esté completamente fundido.

5. Ahora, pasa las trufas primero por el chocolate fundido, ayudándote de un tenedor, y luego por cacao en polvo. Déjalas a temperatura ambiente, y cuando el chocolate de la cobertura se solidifique ya se pueden comer.

DULCES

Natillas

Natillas caseras con galleta María, el postre más mítico de la infancia española. Últimamente tengo la sensación de que, en internet, solo veo versiones *fit*, proteicas, sin azúcar, keto, y mil historias más. Hoy lanzo desde aquí una lanza a favor de los postres tradicionales, de las natillas de toda la vida. El mundo no se acaba porque un sábado te comas un postre con azúcar, el equilibrio también es esto.

 NIVEL DE DIFICULTAD: ● ○ ○
Asequible incluso para tu primo pequeño

 DURACIÓN: 40'

 RACIONES: 4

INGREDIENTES:

* ½ litro de leche
* 1 rama de canela
* La piel de ½ limón
* La piel de ½ naranja
* 100 g de azúcar
* 4 yemas de huevo
* 15 de maicena
* Canela en polvo
* Galletas maría

 ELABORACIÓN:

1. Pon a calentar la leche con la canela y las pieles de los cítricos hasta que hierva. Apaga el fuego y déjala enfriar.

2. Por otro lado, mezcla en un bol las yemas con el azúcar y la maicena hasta que cambien de color y se vuelvan un poco blanquecinas. Añade la leche ya templada al bol, pasándola por un colador, y mézclalo todo bien.

3. Devuelve esta mezcla de leche y yemas a la olla y empieza a calentarla a fuego medio-bajo sin dejar de remover. Asegúrate de que al removerla rascas bien en el fondo de la olla y en los laterales para que no se cuaje. Sabrás que las natillas están listas cuando ya no haya espuma en la superficie y empiecen a espesar. Pasa la mezcla a un bol y deja enfriar hasta el día siguiente.

4. A la hora de servir las natillas, hazlo en vasitos individuales con canela espolvoreada por encima y una galleta arriba de todo.

DULCES

Arroz con leche

De pequeña no me gustaba nada el arroz con leche, le tenía bastante manía. No fue hasta bien entrada la adolescencia que me di cuenta de que, en realidad, no me gustaba el industrial, y es que nunca había probado uno casero. En mi casa no era tradición hacerlo, y los del súper son muy dulces y con el arroz pasado, así que en mi imaginario el arroz con leche era una masa pastosa con un montón de azúcar. Cuando llegué a esta conclusión y decidí darle una oportunidad a un buen arroz con leche casero, algo en mi cabeza se iluminó. Durante un tiempo estuve literalmente obsesionada y pedía arroz con leche en cualquier restaurante siempre que tenía la oportunidad. Ahora ya tengo una relación más sana con él y lo como muy de vez en cuando; he llegado a un equilibrio. Te incluyo aquí la receta con la intención de que te enamores de este postre como me pasó a mí.

 NIVEL DE DIFICULTAD: ● ○ ○
Asequible incluso para tu primo pequeño

 DURACIÓN: 50'

 RACIONES: 4

INGREDIENTES:

* 1 litro de leche
* 100 g de arroz
* 100 g de azúcar
* La piel de ½ limón
* La piel de ½ naranja
* 1 rama de canela

 ELABORACIÓN:

1. En una olla, pon a calentar la leche con la piel de los cítricos y la rama de canela. Cuando esté caliente, añade el arroz y cocínalo a fuego medio-bajo durante unos 30 minutos removiéndolo suavemente.

2. Después, añade el azúcar y cocínalo 10 minutos más. En este punto sí que es muy importante remover constantemente para que el azúcar no se pegue. Prueba el arroz y, cuando esté cocido, apaga el fuego.

3. Pasa el arroz con leche a una bandeja y déjalo enfriar. Puedes servirlo a temperatura ambiente o frío de la nevera.

DULCES

Torrijas

Las torrijas son en origen un postre sencillísimo; de hecho, se trata de una receta de aprovechamiento. Hoy en día existen mil versiones increíbles, hechas con brioche, caramelizadas, con chocolate... Todas ellas son espectaculares y, si las veo en la carta de un restaurante, las pido de una. Pero bueno, como en el resto de las recetas del libro, vamos a mantener las cosas simples y tradicionales. Haremos las torrijas sencillas, con una barra de pan de ayer, leche y cuatro cosas más. Así, cuando llegue Semana Santa, no tendrás excusa y podrás hacerlas.

 NIVEL DE DIFICULTAD: ● ○ ○
Asequible incluso para tu primo pequeño

 DURACIÓN: 45'

 RACIONES: 6

INGREDIENTES:

* 2 barras de pan de ayer
* 1 litro de leche
* 100 g de azúcar
* 2 ramas de canela
* La piel de 1 limón
* 2 o 3 huevos
* Aceite de oliva

 ELABORACIÓN:

1. En una olla, pon a calentar la leche con la canela y la piel de limón. Cuando hierva, apágalo, añádele el azúcar, remueve y deja enfriar la mezcla.

2. Mientras tanto, corta las barras de pan en tajadas gruesas y colócalas en una bandeja. Cuando la leche esté ya templada, cuélala y échasela por encima. Al cabo de 5 minutos, dales la vuelta a las tajadas de pan para que se empapen de leche por ambos lados. Debes dejar el pan en la leche hasta que la haya absorbido por completo.

PARA LA COBERTURA:

* Azúcar
* Canela en polvo

3. Cuando el pan esté empapado, pásalo por huevo batido y ponlo a freír en aceite de oliva hasta que esté dorado por ambas caras. Retíralo y colócalo sobre un papel absorbente. Luego pásalo por una mezcla de azúcar con un poco de canela en polvo.

4. Deja enfriar las torrijas, y ya las tienes listas.

DULCES

Pudin

Esta receta de pudin me la enseñó mi abuelo Pepe, incluso hicimos un vídeo para Instagram. Mi abuelo es un señor adicto a contar historias, supongo que por eso siempre se le ha dado bien vender.

En cuanto le puse el móvil delante, empezó a hablar sobre el pudin, entre muchas otras cosas. En un momento dado, explicó que esta receta se la había enseñado mi abuela. «Se lo veía hacer a mi persona más querida, a mi mujer, y ahora, al estar solo…», dijo en el vídeo. Yo obviamente le seguí el rollo en ese momento, pero estoy segura de que mi abuela no hacía pudin.

Lo he comentado con otra gente de la familia y me han dado la razón. De hecho, estoy casi segura de que es una receta de alguna de las revistas que él compra, la *Pronto* u otra por el estilo. Por qué mi abuelo dijo eso en ese momento nunca lo sabremos, ya que nunca se lo voy a preguntar.

Mi teoría es que él, aun sin estar al día de las redes sociales, sabe mucho de vender y conoce la importancia de conectar con las personas emocionalmente. Puro marketing. Se vino arriba y soltó una historia conmovedora. El tema es que funcionó y fue de los primeros vídeos que se me hizo medianamente viral. Un genio. En cualquier caso, el pudin quedó buenísimo.

Te animo a que lo prepares y luego lo repartas entre tus amigos diciendo que es una receta que ha pasado de generación en generación en tu familia. Solo con eso, ya les parecerá que está mucho más bueno que si les dices que lo has aprendido en el libro de una *influencer*. Hazme caso. A mí y al Pepe.

 NIVEL DE DIFICULTAD: ● ○ ○
Asequible incluso para tu primo pequeño

 DURACIÓN: 80'

 **RACIONES: 6**

INGREDIENTES:

* 250 g de leche condensada
* 400 g de melocotón en almíbar
* 4 huevos
* 400 g de madalenas o restos de bizcocho
* Azúcar (para hacer el caramelo)

ELABORACIÓN:

1. Empieza por fundir azúcar para hacer caramelo líquido. Pon una buena cantidad en una olla a fuego medio y deja que se vaya calentando. No lo remuevas mucho, solo de vez en cuando para que se funda de forma homogénea. Cuando esté líquido y con un color dorado, viértelo en el fondo del recipiente donde vayas a hacer el pudin, que quede una capa finita que cubra bien toda la superficie.

2. Por otro lado, tritura bien todos los ingredientes de la masa: la leche condensada, el melocotón, los huevos y las magdalenas.

3. Echa la mezcla en el recipiente donde hayas puesto el caramelo y coloca ese recipiente dentro de una bandeja de horno en la que haya dos de dos de agua, para que se cocine al baño maría. Métlo en el horno 45 minutos a 180 °C, y trascurrido ese tiempo comprueba si está bien cocido con la ayuda de un palillo.

4. Una vez el palillo sale limpio, el pudin está perfecto. Déjalo enfriar, desmóldalo, y ya lo tienes listo.

DULCES

Leche frita

Mi postre español favorito tenía que estar en este libro sí o sí. Las bases son las mismas que las de muchos otros postres de nuestro país: leche aromatizada con canela y cítricos. Estos postres son el equivalente dulce a las recetas saladas que empiezan con un sofrito de ajo y cebolla. Desde el principio sabes que nada puede salir mal. Además, este dulce es frito, y ya te he dicho que los postres fritos son mi debilidad.

 NIVEL DE DIFICULTAD: ● ● ○
Tendrás que esforzarte, pero saldrás adelante.

 DURACIÓN: 60'

 RACIONES: 6

INGREDIENTES:

* 750 ml de leche
* 1 rama de canela
* La piel de 1 limón
* 2 yemas de huevo
* 100 g de azúcar
* 80 g de maicena
* Aceite para freír

 ELABORACIÓN:

1. Pon a calentar en una olla medio litro de leche con la piel de limón y la canela. Cuando empiece a hervir, apaga el fuego y déjala enfriar.

2. En un bol aparte, mezcla el resto de la leche con la maicena y resérvalo.

3. Por otro lado, mezcla en un bol las yemas con el azúcar. Cuando la leche con limón y canela esté templada, cuélala y añádela a las yemas poco a poco mientras remueves la mezcla. Cuando esté todo bien mezclado, añádelo de nuevo a la olla, ponla al fuego a temperatura media y remuévelo constantemente.

4. Cuando esté caliente, remueve bien la mezcla de leche y maicena y añádela a la olla. Sigue removiéndolo todo bien hasta que empiece a espesar. La textura tiene que ser la de una crema bastante espesa.

PARA EL REBOZADO:

* 2 huevos
* Maicena
* Azúcar
* Canela molida

5. Una vez la tengas, pásala a un táper que hayas forrado con papel film. Pon más papel film por encima, bien pegado a la superficie, y métela en la nevera hasta el día siguiente.

6. Después de varias horas en la nevera, la mezcla debería de estar lo suficientemente sólida como para cortarla en porciones con un cuchillo. Si no es así, probablemente se deba a que no cocinaste la maicena el tiempo suficiente, y por desgracia no tiene arreglo, así que deberás empezar de nuevo.

7. Si te ha salido bien (seguro que sí, confío en tus capacidades), corta la masa en porciones, pásalas por una mezcla de maicena y huevo batido y ponlas a freír en aceite bien caliente. Solamente tiene que quedar dorada por ambos lados.

8. Una vez fritas, retira las porciones, colócalas sobre un papel absorbente y pásalas por una mezcla de azúcar y un poco de canela en polvo.

DULCES

Tocino de cielo

Este dulce no es para todo el mundo, no te voy a engañar. Es muy empalagoso y bastante grasiento, por lo que a alguna gente quizá le resulte muy pesado. Eso sí: a quien le gusta, le gusta mucho. Si preparas un tocino de cielo para alguien que sea fan, lo harás la persona más feliz del mundo. Si nunca lo has probado, hazlo y descubrirás si lo amas o lo odias. Si eres del segundo equipo, no te ralles. Habrás gastado poco tiempo, pocos ingredientes y, además, tendrás un postre que podrás regalar a alguien y hacerle el día. No habrás perdido tanto.

 Nivel de dificultad: ● ○ ○
Asequible incluso para tu primo pequeño

 Duración: 60'

 Raciones: 4

Ingredientes:

* 12 yemas de huevo
* 300 g de azúcar
* 100 g de agua
* La piel de ½ limón
* ½ rama de canela
* Azúcar (para hacer el caramelo)

 Elaboración:

1. Para hacer el caramelo, pon 150 gramos de azúcar en una olla a fuego medio. Deja que se vaya fundiendo, sin removerlo demasiado, hasta que esté líquido y de color dorado.

2. Cuando lo tengas en ese punto, échalo en el fondo del molde donde vayas a cocinar el tocino. Te recomiendo que sea un molde lo suficientemente amplio como para que el tocino tenga dos dedos de grosor.

3. Por otro lado, bate las yemas en un bol hasta que quede una mezcla homogénea y resérvala.

4. Para hacer un almíbar, pon en una olla el agua, el azúcar, la piel de limón y la canela, y caliéntalo todo junto hasta que hierva. Verás que empieza a espesar. Cuando al meter dentro una cuchara y levantarla el almíbar caiga primero en hilo y después en forma de gotitas, es que ya está listo. Retira los aromáticos y deja enfriar el almíbar.

5. Cuando enfríe, échalo poco a poco sobre el bol donde están las yemas sin dejar de remover. Cuela la mezcla y viértela en el molde donde ya echaste el caramelo. Tapa el molde con papel de aluminio y colócalo en una bandeja de horno a la que le añadirás dos dedos de agua para que se cocine al baño maría. Mételo en el horno durante 30 minutos a 180 ºC.

6. Como con todos los postres de horno, pinchándolo con un palillo comprueba que esté cocido antes de apagar el horno y dar la cocción por terminada. Si el palillo sale limpio, ya lo tienes.

DULCES

Merenguitos

«Oye Carla, muy bien todos estos postres, pero ahora tengo diez claras de huevo en mi nevera, qué hago con ellas». Ya, te entiendo. Pasa mucho cuando haces postres. Gastas las yemas y te quedas con un bol lleno de claras tristes y solas. A veces intentas hacerte el *gymbro* y comerte una tortilla de claras, pero no nos engañemos, están malísimas. Aquí te traigo la mejor solución: hacer otro postre. Total, de perdidos, al río.

Nivel de dificultad: ● ○ ○
Asequible incluso para tu primo pequeño

Duración: 120'

Raciones: 6

INGREDIENTES:

* 6 claras de huevo
* 600 g de azúcar glas
* Una pizca de sal

ELABORACIÓN:

1. Si no tienes varillas eléctricas, puedes hacer merengues con una varilla manual, solo necesitas paciencia y potencia en los brazos.

2. Echa las claras en un bol con la pizca de sal y ponte a batirlas. Cuando empiecen a crecer y a estar densas, añade el azúcar glas poco a poco mientras sigues batiendo. Debes batir la mezcla hasta que todo el azúcar quede bien integrado, el merengue esté blanco y brillante, y su textura permita que al levantar las varillas se forme un pico consistente.

3. Llegados a ese punto, pon el merengue en una manga pastelera con una boquilla rizada y ve formando montoncitos en una bandeja con papel de horno.

4. Hornéalo a 100 °C, con calor solo por debajo, durante 1 hora y 30 minutos. Pasado ese tiempo, apaga el horno, entreabre la puerta y deja la bandeja dentro hasta que se haya enfriado por completo.

DULCES

Guirlache

Este dulce aragonés tiene algo que me encanta en los postres: pocos ingredientes y un proceso de elaboración bastante simple. No por eso resulta fácil de preparar, no nos equivoquemos. Cualquier receta que implique hacer caramelo tiene un margen de error medio-alto. En cualquier caso, el resultado vale mucho la pena. Si tienes una cena navideña y quieres llevar un postre, con este quedarás de diez.

 NIVEL DE DIFICULTAD: ● ● ○
Tendrás que esforzarte, pero saldrás adelante.

 DURACIÓN: 30'

 **RACIONES: 6**

INGREDIENTES:

* 160 g de almendras
* 180 g de azúcar
* 40 g de miel
* 1 limón

 ELABORACIÓN:

1. Compra las almendras tostadas o tuesta almendras crudas en una sartén. Yo lo hago de esta última forma porque el olor de almendra tostada me parece increíble. Pon la sartén a fuego medio y ve removiendo las almendras con paciencia hasta que cojan color.

2. En una olla, por el azúcar a calentar a fuego medio-bajo con un chorrito de zumo de limón. Deja que se vaya derritiendo sin removerlo demasiado. Cuando el caramelo tenga un color tostado, añade la miel y las almendras y mézclalo todo durante unos segundos.

3. Echa la mezcla sobre un papel de horno, coloca otro papel de horno encima y aplástalo con un rodillo hasta que quede una placa del grosor de una almendra.

4. Cuando se haya solidificado, lo tienes listo.

DULCES

Panellets

No estoy muy segura de cuán conocidos son estos dulces fuera de Cataluña, pero aquí se consideran uno de los bienes gastronómicos más preciados. También creo que se debe a la magia de los dulces estacionales, la espera los hace aún más especiales. Te recomiendo que cuentes con la ayuda de alguien, porque el proceso de pegar los piñones resulta un poco tortuoso. A mí, por ejemplo, me gusta prepararlos con mi hermano pequeño, que luego no se los come pero siempre está encantado de ayudar (o eso dice él).

 NIVEL DE DIFICULTAD: ● ○ ○
Asequible incluso para tu primo pequeño

 DURACIÓN: 45'

INGREDIENTES:

* 400 g de almendra molida
* 320 g de azúcar
* 80 g de patata cocida
* 1 clara de huevo

 ELABORACIÓN:

1. Mezcla con las manos la patata cocida, el azúcar, la almendra molida y la clara de huevo hasta que quede una pasta homogénea. Cuando la tengas, resérvala en la nevera hasta el día siguiente.

PARA EL REBOZADO:

* Piñones
* Fideos de chocolate
* Coco rallado...
* Huevo (para pintar)

2. Con la masa, forma bolitas más pequeñas que una pelota de golf y rebózalas con el *topping* que quieras. Si los haces de piñones, pasa antes los panellets por clara de huevo y apriétalos bien para que se queden pegados. Después, píntalos con yema para que los piñones queden dorados.

3. Hornea los panellets a 200 °C durante 8 minutos, y listos.

Índice de ingredientes

aceite, 53, 55, 178, 188
    de girasol, 34, 69, 132
    de oliva, 32, 33, 35, 36, 37, 41, 43, 46, 49, 62, 65, 67, 69, 71, 73, 75, 80, 82, 84, 86, 88, 90, 92, 94, 97, 104, 106, 110, 112, 117, 119, 121, 123, 128, 130, 132, 133, 134, 136, 145, 146, 148, 149, 150, 151, 152, 154, 158, 160, 163, 164, 164, 168, 170, 184
aceitunas, 73, 75, 150
    negras, 128, 152
ajo, 32, 33, 34, 35, 36, 46, 62, 65, 67, 67, 71, 80, 82, 84, 86, 88, 90, 92, 94, 104, 106, 108, 114, 117, 119, 121, 123, 130, 133, 134, 136, 138, 148, 149, 151, 158, 163, 165, 172
albahaca, 80
almejas, 121, 123
almendras, 32, 62, 122, 194, 196
anchoas, en salazón, 60, 128, 171
apio, 40, 41, 42, 49
arroz, 53, 65, 158, 183
    redondo, 106
atún, en conserva, 60, 73, 128, 144, 150
avellanas, 32
azúcar, 136, 176, 176, 178, 182, 183, 184, 185, 187, 188, 189, 190, 194, 196
    glas, 192

bacalao desalado, 75, 86, 152
bacón, 110
berenjenas, 104, 110, 128, 132
bizcocho, 187
bogavante, 106
bonito, en conserva, 60
brandi, 106, 117, 119, 123, 167

cacao en polvo, 181
calamar, 67, 69, 123, 138
    tinta de, 65, 138
caldo, 49
de carne, 35, 82, 99, 165
    de cocido, 160
    de marisco, 117
    de pescado, 65, 67, 106, 117, 121, 123
    de pollo, 82, 165
    de puchero, 158
canela, 176, 182, 183, 184, 185, 188, 189, 190
cangrejos, 43
carne, 49
    de cocido, 167
    de escudella, 167
    de ternera, 114
    picada de cerdo, 80, 104, 108, 136
    picada de ternera, 80, 104, 108, 136
    véase también **bacón, cerdo, conejo, gallina, pollo, ternera, tocino**
cebollas, 35, 41, 43, 46, 49, 55, 62, 65, 67, 71, 73, 80, 82, 84, 86, 88, 90, 92, 94, 99, 104, 106, 108, 117, 119, 123, 128, 133, 134, 136, 136, 138, 140, 146, 148, 150, 152, 160, 164, 167
    moradas, 36
cebolletas, 75
cebollino, 73
cerdo, 160

carrilleras de, 92
costillas de, 82, 112
espinazo de, 114
salado, 40
tocino de, 114
cerveza, 132
champiñones, 110, 130
chipirones, 65
chocolate negro, 180, 181
fideos de, 197
chorizo, 88, 114, 172
cigalas, 67
cilantro, 34
ciruelas, 119
coco, 197
cogollos, 171
col, 114
conejo, 71

dátiles, 119

embutidos, *véase* chorizo, jamón, salchichas
encurtidos, 60
espinacas, 86, 97

fideos, 67, 82
finos, 114
fruta, *véase* ciruelas, coco, dátiles, fruta deshidratada, limón, melocotón, melón, naranjas,
orejones, uvas
fruta deshidratada, 119
frutos secos, véase almendras, avellanas, piñones

galeras, 43
galletas maría, 182
gallina, 40
patas de, 114
gambas, 43, 60, 65, 67, 106, 117, 123, 130, 149
gambones, 67, 117, 123, 130
garbanzos, 86, 114, 130, 158
harina de, 69
guindillas, 149
guisantes, 90, 146

harina, 35, 92, 97, 104, 108, 121, 122, 134, 136, 154, 160, 168, 178
de garbanzos, 58
de trigo, 132
véase también bizcocho, galletas maría, levadura química, madalenas, maicena
hierbabuena, 62
huesos
de caña, 40
de rodilla, 40, 114
de tuétano, 114
huevos, 33, 55, 60, 62, 73, 86, 90, 136, 140, 144, 146, 150, 152, 154, 160, 163, 164, 176,
178, 184, 187, 189, 197
claras dc, 192, 196

yemas de, 182, 188, 190

jamón, 90, 160
   serrano, 40, 62, 114, 146, 150

kétchup, 112

langostinos, 43, 117
laurel, 71, 138
leche, 97, 104, 108, 136, 160, 163, 168, 176, 178, 182, 183, 184, 188
   condensada, 187
lechuga, 144, 164
   romana, 171
legumbres, 170, véase también garbanzos, lentejas
lentejas, 84, 144
levadura, química, 178
limón, 194
   cáscara de, 176, 182, 183, 184, 188, 190
   zumo de, 144, 145, 148
lubina, 148

macarrones, 80
madalenas, 187
maicena, 182, 188, 189
mantequilla, 51, 97, 99, 104, 108, 133, 160, 168, 178, 180
mariscos, *véase* almejas, bogavante, calamar, cangrejos, chipirones, cigalas, galeras, gambas, gambones, langostinos, mejillones, sepia
mayonesa, 35, 60, 73, 171
mejillones, 123, 134
melocotón, en almíbar, 187
melón, 62
menta, 62
merluza, lomo de, 121, 123, 154
miel, 112, 132, 194
mostaza, 112, 144
   antigua, 171

naranjas, 75, 112, 180, 182, 183
nata, líquida, 51, 62, 110, 117, 170
   para montar, 180
ñora, carne de, 32, 106

obleas de empanadilla, 150
orejones, 119

pan, 32, 99, 119, 149, 151, 160, 163, 164, 165, 170, 172, 184
   miga de, 62, 136
   véase también picatostes
pasta
   para canelones, 168
   para sopa, 49
   véase también macarrones, fideos, harina, levadura química, obleas de empanadilla, placas de lasaña, tallarines
patatas, 51, 55, 60, 75, 88, 114, 133, 140, 148, 158, 196
   de bolsa, 152

pepinos, 62
perejil, 67, 73, 121, 123, 130, 134, 136, 149, 163, 164
pescado, 67, 164
  espinas de, 42, 43
  véase también anchoas, atún, bacalao, bonito, lubina, merluza, rape
picatostes, 171
pimentón, 114, 148
  dulce, 35, 67, 84, 86, 106, 117, 134, 165
  picante, 35, 134
pimiento
  choricero, carne de, 36, 88
  de piquillo, 73
  italiano (verde), 151, 172
  rojo, 128
  verde, 62
piñones, 119, 197
placas de lasaña, 108
pollo, 40, 41, 119, 144, 160
  alitas de, 145
  asado, 171
  patas de, 114
puerros, 40, 41, 42, 49, 51, 80, 84, 94, 108, 117

queso, 80, 97, 99, 104, 108, 110, 144, 168
  parmesano, 171

rape, 123
romero, 71, 92, 94, 108, 133

salchichas, 82, 133, 172
sepia, tinta de, 65, 138
setas, 130, *véase también* champiñones, shitake
shiitake, 131

tallarines, 110
ternera, 40, 161
  redondo de, 94
  solomillo de, 151
tocino curado, 172
tomate, 32, 46, 49, 62, 65, 67, 80, 82, 86, 90, 92, 106, 117, 123, 136, 138, 144, 158, 164
  frito, 73, 84, 104, 150
  salsa de, 108
tomillo, 71, 92, 94, 108, 133

uvas, 62

vinagre, 32, 34, 37, 62, 71, 75
vino
  blanco, 71, 117, 121, 123, 133, 134, 138
  oloroso, 167
  rancio, 167
  seco (blanco), 99
  tinto, 80, 92, 94, 108

zanahorias, 40, 41, 42, 49, 60, 71, 80, 84, 92, 94, 108, 114, 117

Agradecimientos

A mis padres, por respaldar mi idea de estudiar Gastronomía. Sé que quizá Empresariales o Ingeniería habría sido un camino más seguro, pero también menos entretenido.

A mis hermanos Alba y Cesc, y a Pilar y Alberto, por apoyarme siempre, cada uno a su manera.

A Esther, por haberle dicho a todo el mundo que me siguiera en Instagram cuando solo tenía ochenta seguidores (y por todo lo demás).

A Álex, por hacerme creer que todo esto era posible en el plano de la realidad y no solo en el de la fantasía.

A Joan, mi profesor de Historia en el Bachillerato, por ver algo en mí y, además, hacérmelo saber.

A Miriam, mi editora, por guiarme con paciencia y cariño en este camino nuevo para mí.

A toda la gente que ha dedicado un momento de su vida a ver uno de mis vídeos, comentarlo e incluso a replicar alguna receta. Me sigue pareciendo una locura.

Y, por último pero no por ello menos importante, a Firo, por aguantar sin rechistar todas las chapas que le meto. La gente dice que no entiende lo que le digo, pero yo estoy segura de que sí.